Mohamed Tarek Khadir
Warithedinne Djeddi

Alignement semantique d'ontologies de grandes tailles

Mohamed Tarek Khadir
Warithedinne Djeddi

Alignement semantique d'ontologies de grandes tailles

Introduction du contexte et des Réseaux de Neurones Artificiels

Presses Académiques Francophones

Impressum / Mentions légales

Bibliografische Information der Deutschen Nationalbibliothek: Die Deutsche Nationalbibliothek verzeichnet diese Publikation in der Deutschen Nationalbibliografie; detaillierte bibliografische Daten sind im Internet über http://dnb.d-nb.de abrufbar.
Alle in diesem Buch genannten Marken und Produktnamen unterliegen warenzeichen-, marken- oder patentrechtlichem Schutz bzw. sind Warenzeichen oder eingetragene Warenzeichen der jeweiligen Inhaber. Die Wiedergabe von Marken, Produktnamen, Gebrauchsnamen, Handelsnamen, Warenbezeichnungen u.s.w. in diesem Werk berechtigt auch ohne besondere Kennzeichnung nicht zu der Annahme, dass solche Namen im Sinne der Warenzeichen- und Markenschutzgesetzgebung als frei zu betrachten wären und daher von jedermann benutzt werden dürften.

Information bibliographique publiée par la Deutsche Nationalbibliothek: La Deutsche Nationalbibliothek inscrit cette publication à la Deutsche Nationalbibliografie; des données bibliographiques détaillées sont disponibles sur internet à l'adresse http://dnb.d-nb.de.
Toutes marques et noms de produits mentionnés dans ce livre demeurent sous la protection des marques, des marques déposées et des brevets, et sont des marques ou des marques déposées de leurs détenteurs respectifs. L'utilisation des marques, noms de produits, noms communs, noms commerciaux, descriptions de produits, etc, même sans qu'ils soient mentionnés de façon particulière dans ce livre ne signifie en aucune façon que ces noms peuvent être utilisés sans restriction à l'égard de la législation pour la protection des marques et des marques déposées et pourraient donc être utilisés par quiconque.

Coverbild / Photo de couverture: www.ingimage.com

Verlag / Editeur:
Presses Académiques Francophones
ist ein Imprint der / est une marque déposée de
OmniScriptum GmbH & Co. KG
Heinrich-Böcking-Str. 6-8, 66121 Saarbrücken, Deutschland / Allemagne
Email: info@presses-academiques.com

Herstellung: siehe letzte Seite /
Impression: voir la dernière page
ISBN: 978-3-8381-4965-3

Zugl. / Agréé par: Université Badji Mokhtar, BP12, 23000, Annaba

Table des Matières

Liste des Figures

Liste des Tableaux

Abréviations et acronymes

Les abréviations présentées ci-dessous sont celles qui sont utilisées dans cet ouvrage. On y trouve celles utilisées couramment dans le milieu informatique et plus particulièrement sur l'Internet.

DAML + OIL	DARPA Agent Modelling Language + Ontology Inference Layer
DAML+ONT	DARPA Agent Modelling Language+Ontology
DTD	Document Type Definition
EAO	Enseignement Assisté par Ordinateur
FTP	FILE TRANSFER PROTOCOL
GC	Graphe Conceptuel
IEEE	L'Institute of Electrical and Electronics Engineers
IRI	INTERNATIONAL RESOURCE IDENTIFIER
IDE	INTEGRATED DEVELOPMENT ENVIRONMENT
ISO	INTERNATIONAL ORGANIZATION FOR STANDARDIZATION
KIF	Knowledge Interchange Format
NLP	NATURAL LANGUAGE PROCESSING
OAEI	ONTOLOGY ALIGNMENT EVALUATION INITIATIVE
OCL	Object Constraint Language
OIL	Ontology Inference Language
OWL	WEB ONTOLOGY LANGUAGE
PLM	PRODUCT LIFECYCLE MANAGEMENT
RDF	RESOURCE DESCRIPTION FRAMEWORK
RDF/S	Ressource Description Framework/Schema
SAT	PROPOSITIONAL SATISFIABILITY
HTTP	HYPERTEXT TRANSFER PROTOCOL
UML	Unified Modeling Language
UMLS	Unified Medical Language System
URI	UNIVERSAL RESOURCE IDENTIFIER
XHTML	EXTENDED HYPERTEXT MARKUP LANGUAGE
XMAP	EXTENSIBLE MAPPING
XML	EXTENSIBLE MARKUP LANGUAGE
WWW	WORLD WIDE WEB
W3C	World Wide Web Consortium
ISO	International Organization for Standardization

Glossaire

Le glossaire qui suit récapitule les principales définitions des mots ou expressions que nous utilisons dans cet ouvrage. Il permet d'éviter la confusion avec d'autres définitions de ces mêmes mots ou expressions employées dans des domaines ou des champs d'application différents.

1. Opérations de modification d'une ontologie

La réalisation d'une ontologie est une lourde tâche, et l'on cherchera donc souvent à réutiliser une ontologie existante, plutôt que de repartir de zéro ; il y' aura alors un travail d'adaptation à faire :

- Transformation : modification de l'ontologie afin de l'utiliser dans d'autres buts que l'original, pouvant porter sur la structuration de l'information, sur le formalisme de représentation choisi mais aussi sur la sémantique.

- Traduction (« translation ») : changement de formalisme de représentation (langage d'ontologie utilisé) qui cherche à préserver la sémantique de l'ontologie.

2. Aspects techniques du rapprochement d'éléments d'ontologies

Une fois qu'une adaptation est faite, on peut chercher à faire correspondre les éléments de plusieurs ontologies.

- Correspondances (« mappings ») : relations entre les éléments de deux représentations (ontologies, schémas de bases de données, etc.), indiquant une similarité relative selon une mesure donnée [Klein, 2001].
- Appariement (« matching ») : processus de définition d'un ensemble de fonctions permettant de spécifier des correspondances entre termes (Ontology Matching peut être vu comme la première étape de Ontology Mapping).
- Morphisme : établissement de correspondances entre ontologies sans toucher à leur structure. On trouvera plus de précisions sur le morphisme d'ontologie et de signature d'ontologie dans [Kalfoglou et Schorlemmer., 2003].
- Alignement : établissement de correspondances binaires entre les concepts des deux ontologies afin de parvenir à un agrément.
- Fusion d'ontologies : création d'une nouvelle ontologie rassemblant la connaissance d'ontologies existantes.

- Articulation : ensemble des points d'ancrage des relations lors d'une mise en correspondance entre des ontologies [Klein, 2001]. Dans le cas où les ontologies sources ne doivent pas être modifiées, il s'agit d'une ontologie (« articulation ontology ») rassemblant l'ensemble des correspondances [Kalfoglou et Schorlemmer., 2003]. L'articulation fournit une mesure de la validité de l'opération effectuée.

3. Aspects conceptuels du rapprochement d'éléments d'ontologies

Ces termes décrivent ce qu'on veut réaliser par le rapprochement des éléments de diverses ontologies, et non comment on va s'y prendre.

- Combinaison : manipulation d'au moins deux ontologies pour réaliser l'une des tâches ci-dessous, dans laquelle ce qui importe avant tout, c'est leur relation l'une à l'autre.
- Partage : manipulation d'ontologies en vue du partage d'information (« knowledge sharing »).
- Intégration d'ontologies : construction d'une nouvelle ontologie qui n'est pas forcément destinée à remplacer les autres. On trouvera une discussion sur le terme dans [Pinto et al., 1999].
- Gestion de version (« versioning ») : établissement de relations entre les diverses versions d'une ontologie, l'un des objectifs étant de préserver l'accès aux données référenciées pour des versions précédentes de l'ontologie.

Introduction

Les données rendues disponibles par les systèmes informatiques sont de plus en plus nombreuses et variées, grâce notamment au développement des nouvelles technologies de l'information. Ces systèmes d'information sont destinés à gérer le patrimoine de connaissance d'un domaine d'intérêt donné. Ainsi, avec le développement des technologies Internet, de nouveaux horizons dans le domaine du partage d'informations se sont ouverts. Ce partage d'informations passe par leur compréhension et une automatisation des processus de navigation, d'extraction et de mise à jour de ces informations.

Ces données sont souvent disséminées dans des sources d'information distinctes, gérées par les différents systèmes d'information, de ce fait, disposer d'une information particulière pour une bonne prise de décision peut exiger l'accès et le recoupement d'informations provenant de plusieurs de ces sources. Cependant, les systèmes d'information sont conçus en général pour un fonctionnement autonome et non pour un besoin d'intégration, et le travail de combinaison des informations issues des sources doit être exécuté de façon manuelle. Pour que l'interopérabilité de données sémantiques fonctionne, les ordinateurs doivent avoir accès à des collections structurées d'informations et d'ensembles de règles d'inférence qu'ils peuvent utiliser pour parvenir à un raisonnement automatisé. Ainsi, de nouveaux besoins ont émergé pour représenter les connaissances et manipuler leur sémantique. En premier lieu, les ontologies sont devenues très populaires, en occupant une place de choix dans le domaine de l'ingénierie des connaissances et ont prouvé leur efficacité pour la représentation des connaissances.

1. Contexte

Le développement rapide des technologies internet a engendré un intérêt croissant dans la recherche sur le partage et l'intégration de sources dispersées dans un environnement distribué. Citons à titre d'exemple le Web sémantique[1] [Hendler, Berners-Lee et Lassila., 2001] qui est un effort de collaboration mené par le W3C[2] avec la participation d'un grand nombre de chercheurs et d'industriels associés, offre la possibilité à des agents logiciels de comprendre des sources sémantiquement liées dans une architecture décentralisée.

---

[1] Le Web sémantique est une extension du World Wide Web permettant de publier, de consulter et, tout particulièrement, d'automatiser le traitement de connaissances précisément formalisées.

[2] www.w3.org

Les ontologies ont été reconnues comme une composante essentielle pour le partage des connaissances et la réalisation de cette vision. En définissant les concepts associés à des domaines particuliers, elles permettent à la fois de décrire le contenu des sources à intégrer et d'expliciter le vocabulaire utilisable dans des requêtes par des utilisateurs. Toutefois, il est peu probable qu'une ontologie globale couvrant l'ensemble des systèmes distribués puisse être développée. Dans la pratique, les ontologies de différents systèmes sont développées indépendamment les unes des autres par des communautés différentes.

Dans ce contexte, si les connaissances et les données doivent être partagées, il est essentiel d'établir des correspondances sémantiques entre les ontologies qui les décrivent. La tâche d'alignement d'ontologies (recherche de mappings, appariements ou mises en correspondance entre concepts) est donc particulièrement importante dans les systèmes d'intégration ou tout autre domaine puisqu'elle autorise la prise en compte conjointe de ressources décrites par des ontologies différentes. Ce thème de recherche a donné lieu à de très nombreux travaux répertoriés dans [Shvaiko et Euzenat., 2005b].

2. Problématiques et objectifs

Beaucoup de travaux ont été réalisés dans le domaine du matching et de l'appareillement [Kalfoglou et Schorlemmer., 2003], mais ces différentes solutions proposées pour l'alignement sont souvent testées sur des ontologies de petite taille (quelques centaines de concepts) pour lesquelles la plupart des correspondances peuvent être trouvées de manière automatique. Quand les ontologies sont de grande taille, l'efficacité des méthodes d'alignement automatique diminuent considérablement que ce soit en terme de temps d'exécution, de taille mémoire utilisée, ou de la précision des alignements obtenus du fait de l'augmentation du bruit. La dérivation automatique d'alignement est considérée, alors, impossible [Noy, 2004]. La majorité d'outils d'alignement [Aumüller et Do, 2005] et la communauté d'ontologie [Zhdanova, 2005] comptait sur une présentation classique de la hiérarchie de classes de deux ontologies et quelques moyens pour l'utilisateur d'exprimer l'alignement. Ces approches supposent que l'alignement est pris en compte par un expert, ce qui n'exige pas d'interface personnalisée. Cependant, plusieurs ontologies peuvent comporter plusieurs formes d'hétérogénéité à savoir : l'hétérogénéité syntaxique, l'hétérogénéité terminologique, l'hétérogénéité conceptuelle et l'hétérogénéité sémiotique. Par conséquent, l'alignement d'ontologies, prenant en considération les aspects sémantiques, est désormais devenu une tâche cruciale dans le déploiement d'une large variété d'applications de gestion et de manipulation de l'information. Par ailleurs, ces approches n'exploitent pas toutes les relations sémantiques qui existent entre les concepts d'une ontologie. Ces relations se limitent à des liens hiérarchiques de subsumption (is-a) uniquement. De plus, ces approches ne prennent pas en considération la compatibilité des contraintes de qualité de service lors du processus d'alignement.

WordNet est historiquement la base de connaissances sur laquelle les chercheurs dans le domaine d'alignement des ontologies ont le plus travaillé pour les distances sémantiques, mais ce thésaurus n'utilise que la hiérarchie des concepts. Certains chercheurs ont essayé d'utiliser d'autres relations, mais WordNet atteint vite ses limites. Par exemple, dans l'expérience de Finkelstein [Finkelstein et al., 2001], statistiquement, une personne donne une note de 7/10 à la similarité entre « communication » et « téléphone ». Or, ces deux concepts n'ont aucun lien dans WordNet : quelle que soit la mesure utilisée, il sera toujours impossible de reproduire de bon résultat. D'autres limites sont spécifiquement reliées à l'ontologie générée par la relation d'hyperonymie de WordNet. Au niveau catégories lexicales, l'ontologie de WordNet couvre la majorité des noms, verbes, adjectifs et adverbes. Le système de catégorisation pour les noms est complet et précis, les noms sont classés sur plusieurs niveaux d'imbrication où la profondeur pour certaines sections dépasse 10 niveaux. Tandis que, les verbes sont organisés dans un système de classification beaucoup moins élaboré où dans la hiérarchie on passe rapidement d'un concept spécialisé à un concept très général. De nos jours, il n'y a aucune catégorisation hiérarchique définie pour des adjectifs et des adverbes.

L'objectif principal de cet ouvrage est décomposé en objectifs intermédiaires :

- Objectif 1 : Utiliser WordNet pour trouver les synonymes d'un mot ou d'un terme. Ceci aide à résoudre des problèmes de conflit de terme, qui se produisent quand les ontologistes conçoivent des ontologies en utilisant différemment des termes. Pour mieux faire face aux problèmes de WordNet citées ci-dessus, nous proposons une stratégie capable d'élaborer un mapping sémantique en tenant compte du *contexte* des sources à aligner. La solution consiste à essayer d'exploiter, en plus des informations exprimées par les relations pouvant exister entre les concepts des deux ontologies, celles qui correspondent aux relations entre les concepts au sein d'une même ontologie. Le fait que des concepts de deux ontologies puissent avoir exactement le même label est un exemple de relation facile à calculer même sur des ontologies de grande taille, mais elle peut engendrer un bruit lors du processus d'alignement lorsque les deux concepts ne couvrent pas le même domaine et dont nous allons tirer parti dans notre proposition.

- Objectif 2 : Le paramétrage est primordial dans les systèmes d'alignement d'ontologies puisqu'il est susceptible de modifier de manière significative les valeurs de similarité. Une modification de certains paramètres peut être effectuée manuellement par un expert humain familier au contexte. Cette tâche impose une maîtrise parfaite du système d'alignement. Cependant, un tel choix du paramètre n'est pas toujours souhaitable ni possible pour des ontologies de grande taille. Citons à titre d'exemple, lorsque des similitudes entre les concepts des ontologies de source sont calculées, l'agrégation est effectuée pour trouver les similitudes entre les concepts combinés. Comme notre méthode exploite de nombreux facteurs de calcul de similarité, par conséquent, l'agrégation est nécessaire pour trouver les meilleurs candidats au mapping possibles. Afin de surmonter ce problème, le processus est exécuté selon quatre stratégies ou combinaisons (e.g. moyenne, pondération dynamique, pondération avec RNA (Réseaux de Neurones Artificiels), fonction sigmoïdale) de mesures de similarité (e.g. terminologique, linguistique et structurelle), en utilisant un ensemble de paramètres (ex : valeur de radius, seuils, etc.) et en appliquant un ensemble de ressources externes (ex : thésaurus, lexique, etc.). Au final, nous obtenons un ensemble de liens sémantiques reliant les entités qui composent les ontologies. Ces derniers comprennent des relations d'équivalence.

- Objectif 3 : Appliquer le principe du vieil adage « diviser pour mieux régner » du framework fork/join du langage de programmation java, afin de nous permettre de profiter des différents processeurs disponibles sur la machine pour mener à bien nos calculs lord de l'alignement des ontologies volumineuses et complexes. Ce framework facilite la parallélisation de tâches en exploitant les capacités multi-processeurs des machines. Le principe est de diviser les traitements en tâches (fork), exécutées en parallèle, et éventuellement les diviser de nouveau, puis d'agréger les résultats (join).

3. Organisation de l'ouvrage

Cet ouvrage s'articule autour de *six chapitres :*

Le chapitre 1 est consacré à l'élaboration de l'état de l'art du domaine de l'alignement des ontologies, nous commençons par expliquer les besoins à partir desquels l'alignement a vu le jour puis nous présentons les différentes applications possibles de ce nouveau domaine pour étayer l'intérêt accordé à l'alignement des ontologies. Une fois que nous avons clarifié : comment est né le besoin à l'alignement des ontologies et concrètement pour quelles possibilités d'application est-il destiné, nous nous intéressons à sa définition et aux différents concepts connexes à l'alignement proprement dit. Ensuite, l'alignement en tant que processus est décrit selon ses différentes dimensions. Nous enchaînons plus en profondeur avec les techniques de base utilisées pour réaliser l'alignement, ces dernières sont combinées pour construire des systèmes automatiques d'alignement qui à leurs tours sont classés selon différents critères, puis nous décrivons succinctement les systèmes les plus cités dans les articles de recherche comme étant les plus performants. Ces systèmes ont besoin d'être évalués selon des mesures que nous décrivons dans cette partie d'ouvrage, enfin nous clôturons l'état de l'art par une synthèse qui comprend un récapitulatif de tous les aspects abordés précédemment et la direction que nous empruntons pour la suite de notre travail de recherche.

Le chapitre 2 présente la conception de l'algorithme d'alignement XMap++ pour mettre en correspondance deux ontologies représentées en OWL-DL.

Le chapitre 3 présente la démarche suivie pour sélectionner le benchmark d'évaluation de l'algorithme d'alignement XMap++, en l'occurrence les ontologies de domaine, autrement dit, les critères de sélection de ces ontologies suivie d'une description de ces dernières. Ensuite on présente, sur la base des caractéristiques des ontologies sélectionnées, la sélection du système automatique d'alignement faisant l'objet de l'étude comparative en veillant à choisir des systèmes performant représentant des systèmes syntaxiques.

Le chapitre 4 est réservé à l'évaluation des alignements réalisés, qui est l'un des principaux objectifs de notre présente étude, suivie d'une synthèse des conclusions tirées des différentes évaluations.

Le chapitre 5 présente les différents outils utilisés pour l'implémentation de notre algorithme sous forme de plugin sous protégé, et les différentes étapes à suivre pour déclencher le processus d'alignement.

Le chapitre 6 conclut ce travail de recherche avec un recensement de toutes les étapes suivies au cours de cette étude et les conclusions qui en découlent ainsi que des esquisses sur ses éventuels prolongements.

I. Etat de l'art

De nos jours la connaissance est un enjeu économique majeur; c'est le raison pour laquelle les organisations essayent de gérer au mieux leurs ressources. L'exploitation des ces connaissances demeure toutefois une tâche difficile et complexe. Pour y arriver il est important de définir une représentation adéquate de cette connaissance ainsi que des moyens pour l'exploiter.

Les ontologies, grâce à leur popularité et aux avancées accomplis tant du point de la maturité que du point de vue des solutions techniques relatives à leur mise en œuvre, peuvent constituer un véhicule à cette connaissance.

Le concept d'ontologie en informatique repose sur la notion d'ontologie formelle développée en philosophie : les ontologies formelles visent au développement d'une logique systématique, formelle et axiomatique afin de classifier les entités du monde (objets, évènements, etc.) et les catégories qui les modélisent (concepts, propriétés, etc.). Tandis que l'ingénierie ontologique est une discipline de l'informatique référant aux activités reliées au processus de développement des ontologies ainsi qu'aux méthodes, outils et langages pour développer ces ontologies. Si plusieurs ontologies ont déjà été développées avec différentes méthodes pour un domaine donné, un des buts de l'ingénierie ontologique est de rendre compatible la diversité de ces ontologies.

Trois développements récents, cités ci-dessous, ont contribué de façon marquée à l'avancement des travaux en ingénierie ontologique [Gómez-Pérez et al., 2004]:

- Le programme de recherche "Knowledge Sharing Effort" de DARPA (1991): ce programme propose de développer des connaissances déclaratives et des techniques de solution de problèmes qui soient réutilisables pour la construction de systèmes à base de connaissances afin de permettre aux développeurs d'applications de se concentrer que sur les connaissances et algorithmes de raisonnement qui soient spécifiques à leur domaine;
- Plusieurs projets (1988 - 1998) jetèrent les fondations des notions de méthodologies en ingénierie des connaissances: ex. un de ces projets en 1993 a été à la base du développement de Protégé[3] (un des environnements de développement d'ontologie les plus populaires aujourd'hui);

---

[3] http://protege.stanford.edu

- Le Web Sémantique (1999); selon son fondateur, Berners-Lee, le Web Sémantique est une extension de l'Internet où les informations sont définies sémantiquement afin de faciliter le partage et la coopération.

❖ **Définitions du concept d'ontologies pertinentes à l'informatique**

Plusieurs définitions du concept d'ontologies pertinentes pour l'ingénierie ontologique ont été proposées. Ces définitions sont souvent des raffinements de définitions déjà proposées et/ou sont complémentaires avec elles. La définition d'ontologie la plus citée dans la littérature est celle proposée par Gruber (1993 – citation Gómez-Pérez et al., 2004) : « *An ontology is an explicit specification of a conceptualisation.* » [Traduction : *Une ontologie est une spécification explicite d'une conceptualisation*]. Selon [Gómez-Pérez et al., 2004], les ontologies visent à capturer les connaissances consensuelles de façon générique afin de faciliter leur réutilisation et leur partage d'une application à une autre et d'un groupe de chercheurs à un autre.

Les ontologies sont généralement construites de façon coopérative par des gens localisés à différents endroits.

I.1. Comment est né le besoin à l'alignement des ontologies ?

La notion d'ontologie est devenue un élément clé dans toute une gamme d'applications faisant appel à des connaissances. Une ontologie est définie comme la conceptualisation des objets reconnus comme existant dans un domaine, de leurs propriétés et des relations les reliant. La structure d'une ontologie permet de représenter les connaissances d'un domaine sous un format informatique en vue de les rendre utilisables pour différentes applications.

Cependant, comme n'importe qu'elle autre représentation explicite des connaissances, une ontologie dépend toujours d'assomptions implicites comme les objectifs des concepteurs, leurs capitaux connaissances, rendant l'objectivité de la représentation un but difficile à concrétiser. Ces connaissances implicites sont à l'origine de différentes formes d'hétérogénéité entre les ontologies, même entre les ontologies décrivant le même domaine. Le choix d'une ontologie particulière ou l'exploitation de plusieurs d'entre elles devient difficile. La nécessité de les comparer, de passer de l'une à l'autre ou de les intégrer devient donc nécessaire. La tâche d'alignement d'ontologies consiste, alors, à générer le plus automatiquement possible des relations ou appariements entre les concepts de deux ontologies.

Il existe plusieurs classifications d'hétérogénéité entre les ontologies [Giunchiglia et Walsh., 1992]; [Benerecetti et al., 2000]; [Klein, 2001]; [Euzenat, 2001]; [Corcho, 2004]; [Hameed et al., 2004];

[Ghidini et Giunchiglia., 2004]. Dans ce qui suit, nous présentons une classification [Euzenat et al., 2007b] qui résume les principales formes d'hétérogénéité en quatre niveaux, à savoir :

1. Le niveau syntaxique : il s'agit de toutes les formes d'hétérogénéité relatives au choix du format de représentation. En effet il existe différentes façons de représenter les ontologies (OWL, KIF, etc.) et chaque langage est basé sur une syntaxe différente.

2. Le niveau terminologique : l'hétérogénéité, à ce niveau, intervient dans le fait d'affecter des noms aux entités (classes, propriétés, relations, etc.) qui constituent une ontologie. Nommer une entité revient à lui associer un objet linguistique à partir d'un langage public. Des exemples de ce type d'hétérogénéité :

- Différents noms utilisés pour désigner une même entité (synonymie).
- Le même nom utilisé pour désigner deux entités distinctes (polysémie).
- Au contraire, le même terme peut représenter différents concepts ; l'homonymie est un problème qui nécessite bien souvent l'intervention humaine.
- Des mots provenant de différentes langues (Français, Anglais, Italien, etc.) utilisés pour désigner une même entité.
- Des variations syntaxiques du même mot (différentes prononciations, abréviations, utilisation des préfixes et des suffixes, etc.).
- Finalement, l'encodage des données au sein de l'ontologie diffère bien souvent, que ce soit pour les dates, les unités (monnaie, distances, etc.).

3. Le niveau conceptuel : les divergences à ce niveau peuvent être résumées en trois aspects :

- *La couverture :* la différence entre deux ontologies peut être au niveau de la portée de la couverture du domaine décrit. Elles peuvent couvrir des parties différentes (du monde réel ou d'un domaine) ou alors des parties qui se chevauchent, par exemple : une ontologie sur le sport couvre le sport de la course automobile qu'une autre ignorerait complètement.
- *La granularité :* deux ontologies peuvent décrire les mêmes entités avec des niveaux de détail différents, par exemple : une ontologie concernée par la comptabilité va considérer le concept générique du document alors qu'une ontologie décrivant le domaine des bibliothèques va distinguer entre les différents types de documents : romans, nouvelles, biographies, manuscrits, etc.
- *La perspective :* deux ontologies peuvent décrire un domaine de deux points de vue différents. Par exemple : le concept de la chaleur chez un Norvégien sera forcément différent du même concept chez un Sénégalais.

La figure 1 est une représentation graphique de ces trois dimensions, à travers lesquelles une ontologie peut différer d'une autre ontologie au niveau conceptuel :

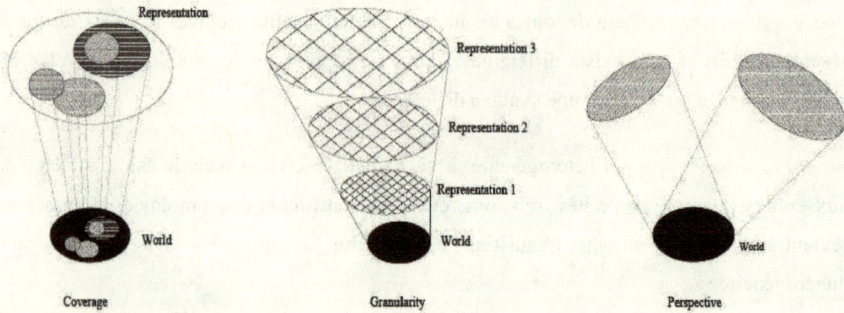

Figure 1. Les trois dimensions de l'hétérogénéité au niveau conceptuel [Euzenat et Shvaiko., 2007]

4. Le niveau sémiotique ou pragmatique : ce type d'hétérogénéité intervient lorsqu'il y a différence d'interprétation de la même ontologie par différentes personnes ou différentes communautés (voir figure 2). Ces différences d'interprétations sont souvent liées au choix du formalisme de représentation des connaissances, par exemple, des clauses de la logique du premier ordre et une représentation hiérarchique de classes, sont-ils équivalents, est-ce qu'ils véhiculent la même connaissance ?

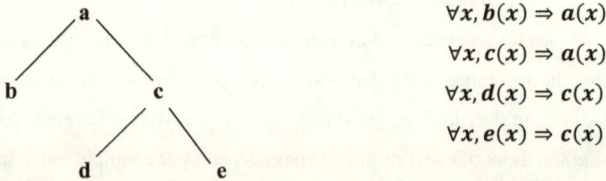

$$\forall x, b(x) \Rightarrow a(x)$$
$$\forall x, c(x) \Rightarrow a(x)$$
$$\forall x, d(x) \Rightarrow c(x)$$
$$\forall x, e(x) \Rightarrow c(x)$$

Figure 2. Est-ce que ces représentations traduisent la même information ?

En résumé, comprendre les différentes formes d'hétérogénéité des ontologies est primordial pour la réussite de l'alignement de ces dernières, car il est très risqué de réaliser un alignement entre des entités, en se basant seulement sur les liens sémantiques, les autres dimensions doivent être prises en compte. L'exemple suivant est tiré de par [zanobini, 2003].

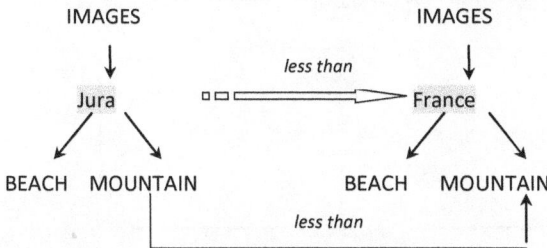

Figure 3. Exemple de relations sémantiques

Le concept « Mountain » dans la première hiérarchie de la figure 3 décrit les images de montagnes en toscane alors que le concept « Mountain » dans la seconde hiérarchie décrit les images de montagnes en Italie, cela ne veut pas dire qu'ils ne sont pas liés, ils ne sont pas équivalents certes, mais, en tenant compte de la structure, il apparaît que le premier concept est moins général que le second (la divergence, ici, est liée à la couverture et donc elle est d'ordre conceptuel).

I.2. Quelques domaines d'application de l'alignement des ontologies

I.2.1. L'ingénierie ontologique

Est un contexte où les concepteurs d'ontologies sont confrontés à l'hétérogénéité de ces dernières, plus précisément, par rapport aux applications suivantes :

La construction d'ontologies : ces dernières années, le maître mot dans la démarche de construction des ontologies est *la réutilisation* d'ontologies déjà existantes, car la construction d'ontologies à partir de zéro (from scratch) est un processus long, couteux et très laborieux, parallèlement, elle accentue le phénomène de l'hétérogénéité des ontologies, multipliant le nombre d'ontologies décrivant le même domaine (surtout lorsqu'on sait que l'objectif ultime du web sémantique est d'arriver à instaurer une ontologie de référence pour chaque domaine). Dans ce contexte, l'alignement des ontologies est la solution pour réaliser l'intégration et le rapprochement de ses différentes structures.

L'évolution des ontologies : Beaucoup d'ontologies sont en continuelle évolution comme la Geneontology[4], et de ce fait, plusieurs versions de la même ontologie sont disponibles, mettant les développeurs et les ingénieurs de la connaissance dans la confusion, ne sachant pas ce qui a changé, l'alignement va permettre d'identifier les différences entre deux versions: les entités qui ont été ajoutées, supprimés ou renommés (voir figure 4).

---

[4] http://www.geneontology.org

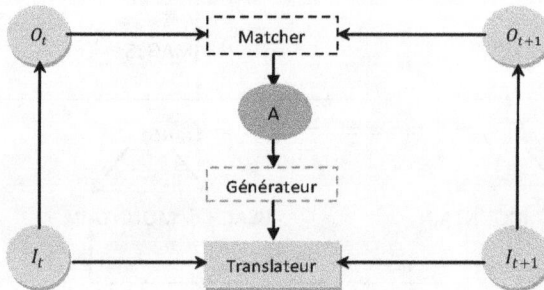

Figure 4. Scénario centralisé d'évolution des ontologies [Euzenat et Shvaiko., 2007]

Dans ce scenario il est utile de : (1) aligner l'ancienne version O_t et la nouvelle version O_{t+1} dont il résulte un ensemble de correspondances (A) entre deux versions, (2) générer une transformation en utilisant ces correspondances et (3) transformer les instances des données I_t au I_{t+n}.

I.2.2. L'intégration d'information

C'est une application classique de l'alignement d'ontologies, elle comprend l'intégration des schémas, les entrepôts de données, l'intégration des données et l'intégration des catalogues. Les ontologies jouent un rôle clé en intégration de sources d'information multiples et hétérogènes.

Son rôle est double : D'une part, elle précise le sens des concepts d'un domaine en étant le reflet d'un certain consensus au sein d'une communauté, d'autre part, elle fournit une sémantique formelle. Dans le contexte de l'intégration, les ontologies peuvent aider à comprendre et interpréter des descriptions hétérogènes de contenus relatifs à un même domaine pour ensuite pouvoir plus facilement les mettre en relation.

La figure 5 présente un scénario général de l'intégration d'information, étant donné, un ensemble de sources locales d'information (ontologies locales LO_1, ..., LO_n) qui stockent leurs informations dans des formats différents (SQL, XML et RDF), fournit aux utilisateurs une interface de requêtes uniformes à travers une ontologie globale ou commune (CO) à toutes les sources d'information. Ce qui permet aux utilisateurs d'adresser des requêtes directement à l'ontologie globale. Les sources de données sont transformés en ontologies locales qui sont alignées par rapport à une ontologie globale, *les alignements obtenus aident à générer les médiateurs* qui, à leurs tours, transforment les requêtes adressées à l'ontologie globale en requêtes pour les sources d'information locales et traduisent les réponses dans l'autre sens.

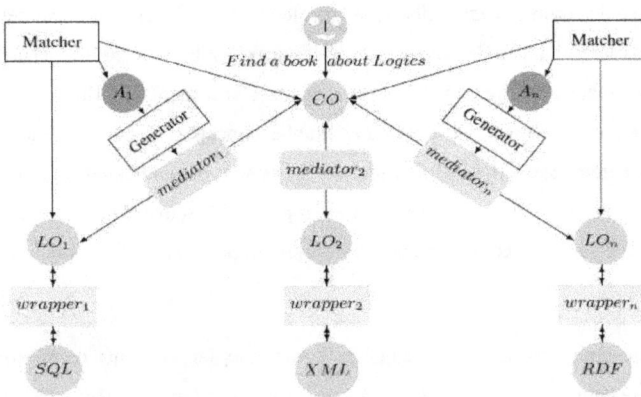

Figure 5. Scénario centralisé d'intégration d'information [Euzenat et Shvaiko., 2007]

I.2.3. Le Partage des informations dans les systèmes pair à pair (P2P)

Les systèmes pair-à-pair (P2P) se sont développés de manière importante ces dernières années pour échanger des documents (textuels, vidéos, etc.). Ils constituent une solution intéressante pour définir des systèmes de partage d'information car, en plus de leurs propriétés de passage à l'échelle et de dynamicité, ils permettent l'autonomie des pairs et un contrôle décentralisé. Dans un tel système dédié à la recherche d'information, les pairs constituent des sources autonomes qui gèrent leurs propres documents. Ainsi, ils peuvent décider de ce qu'ils partagent, avec qui ils partagent, et comment ils représentent leurs documents, sans en référer à une entité centralisée. En particulier, ils peuvent choisir la façon dont ils indexent leurs documents.

On distingue communément trois types d'architectures P2P. Les architectures non structurées basées sur le tout distribué et respectant entièrement le paradigme P2P, les architectures hybrides qui hiérarchisent fonctionnellement les pairs selon leur capacité et les architectures structurée basées sur un index distribué des données.

On distingue de nombreuses applications P2P comme (a) des systèmes de partage de fichiers comme Gnutella[5], (b) des moteurs de recherche P2P, (c) des messageries instantanées comme ICQ[6], (d) des plateformes de calcul distribué intensif tel Seti@home[7], (e) des plateformes collaboratives comme Oceanstore [Kubiatowicz, 2000] ou Ivy [Muthitacharoen, 2001] et (f) des systèmes de partage de données définies selon un schéma ou une ontologie Edutella [Nejdl, 2002].

---

[5]Gnutella : http://www.gnutella.org
[6]ICQ : http://www.icq.com
[7]Seti@home : http://setiathome.ssl.berkeley.edu/

P2P est un modèle de communication distribué dans lequel les pairs ont des capacités fonctionnelles équivalentes dans les échanges de données et de services [Zaihrayeu, 2006]. Dans ce contexte, il est difficilement imaginable que tous les participants s'accordent sur l'utilisation d'une même représentation sémantique (schéma, ontologie, graphe conceptuel). Dans ce cas, le système est sémantiquement hétérogène. Globalement plus les pairs sont disparates les uns des autres, plus le système est hétérogène. Ceci est un frein à l'interopérabilité sémantique (c.-à-d. à la capacité à communiquer et à échanger), car une requête émise par un pair risque d'être peu ou pas "comprise" par d'autres pairs.

La découverte de nouveaux mappings consiste à identifier les éléments de l'ontologie d'un pair donné qui permettent d'identifier des mises en correspondance jugées intéressantes puis à sélectionner les éléments de pairs distants avec lesquels il est pertinent de les aligner. La particularité du mapping d'ontologies est qu'elle permet un enrichissement des axiomes[8] en utilisant la connaissance et les correspondances relatives aux voisins communs de deux pairs cherchant à s'aligner sémantiquement (voir figure 6).

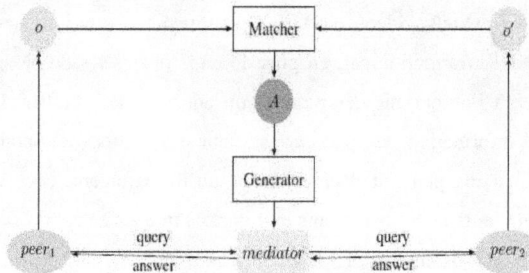

Figure 6. Réponse à une requête dans un système P2P [Euzenat et Shvaiko., 2007]

I.2.4. La Composition des services web

Les services web sont des processus qui exposent leurs interfaces aux utilisateurs du web qui les invoquent. Les services web sémantiques fournissent un moyen plus riche et plus précis de décrire les services à travers les langages de représentation des connaissances et des ontologies [Fensel et al., 2007]. Par exemple, un service web fournit la description de son output à l'aide d'une ontologie et un autre service web utilise une seconde ontologie pour décrire son input, aligner ces deux ontologies permettrait de vérifier si ce qui a été délivré par le premier service correspond à ce qui était attendu par le second service et cela grâce à un médiateur entre ces deux services, généré à partir de l'alignement des deux ontologies précédemment citées (voir figure 7).

---

[8]Les axiomes sont des relations binaires entre deux concepts, et servent à initier le processus de découverte automatique ; ils sont en général fournis par les experts, ou peuvent être découverts à l'aide d'autres types de méthodes d'alignement.

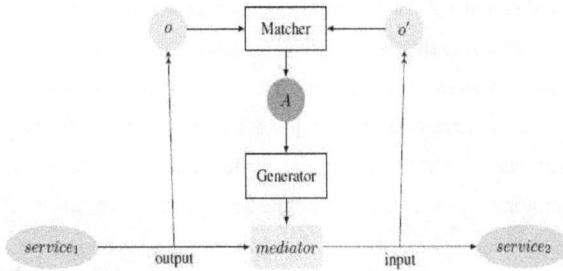

Figure 7. Composition d'un service web [Euzenat et Shvaiko., 2007]

I.2.5. La communication entre agents

Lorsque deux agents autonomes et conçus indépendamment se rencontrent, ils ont la possibilité de s'échanger des messages mais peu de chances pour se comprendre s'ils ne partagent pas le même langage et la même ontologie. L'alignement de leurs ontologies respectives intervient à ce niveau pour traduire les messages ou bien intégrer des passerelles entre leurs axiomes dans le modèle propre à chaque agent (pour pouvoir interpréter les messages). La flexibilité apportée par OWL représente un enjeu majeur sur bien des domaines. Notamment, pour la représentation des ontologies, et la capacité d'inférer sur ces derniers. En effet, les ontologies ainsi représentées peuvent valoriser le fonctionnement du Web de plusieurs façons. Notamment, pour améliorer la pertinence des moteurs de recherches ; en faisant référence à un concept précis au lieu d'utiliser des mots-clés ambigus [Lacombe, 2006]. Aussi, la capacité des agents à comprendre les données manipulées offre de nouvelles perspectives dans le domaine de l'automatisation ; On citera, la composition automatique de services Web[9] et la composition automatique de workflow[10]. L'introduction d'une ontologie dans un système d'informations utilisant des agents vise à réduire, voire éliminer, la confusion conceptuelle et terminologique et à tendre vers une compréhension partagée pour améliorer la communication, le partage, l'interopérabilité et le degré de réutilisation possible. OWL offre un cadre unificateur et fournit des « primitives », des éléments de base pour améliorer la communication entre les personnes, entre les personnes et les systèmes, et entre les systèmes. Intégrer une ontologie écrite en OWL à un système d'informations permet donc de déclarer formellement un certain nombre de connaissances utilisées pour caractériser les informations gérées par le système et de se baser sur ces caractérisations et la formalisation de leur signification pour automatiser des tâches de traitement de l'information [Gandon, 2006].

---

[9] Un service Web est un ensemble de protocoles et de normes informatiques utilisés pour échanger des données entre les applications.

[10] On appelle « workflow » (traduisez littéralement « flux de travail ») la modélisation et la gestion informatique de l'ensemble des tâches à accomplir et des différents acteurs impliqués dans la réalisation d'un processus métier (aussi appelé processus opérationnel ou bien procédure d'entreprise).

I.2.6. Le Web Biomédical

Le domaine biomédical dispose de standards terminologiques et thesaurus largement partagés par les communautés biomédicales, qui représentent un acquis important mais aussi une contrainte forte puisqu'il n'est pas envisageable de les ignorer. Les ontologies doivent fournir les concepts et les relations utilisés pour le marquage sémantique des données en vue du Web Sémantique avec une signification partagée et réutilisable pour différentes applications et différents usagers. L'alignement des ontologies aide à trouver rapidement sur le Web, avec le minimum de bruit possible, une information scientifique récente, a un intérêt non seulement pour le chercheur qui doit accéder à des bases hétérogènes et réitérer régulièrement les interrogations sur ces bases, pour les patients à la recherche d'informations, mais aussi dans la pratique médicale quotidienne où médecins et industriels pharmaceutiques sont amenés à rechercher de l'information. De plus l'alignement des ontologies joue un rôle déterminant dans la mise en place d'une recherche biomédicale associant un plus grand nombre d'acteurs, en facilitant la constitution d'entrepôts de données ou d'entrepôts d'informations fédérés, articulés autour d'ontologies communes. Le domaine biomédical est par ailleurs caractérisé par l'existence de nombreux standards terminologiques, thesaurus, et langages, partagés par les communautés biomédicales, qu'ils soient généralistes (par exemple, MeSH, UMLS) ou dédiés à un domaine de spécialité (par exemple, GeneOntology), ainsi que de riches banques de documents généralistes (par exemple, MEDLINE) ou plus spécifiques (par exemple, sur les maladies rares ORPHANET, RAREDISEASE).

I.3. Définition de l'alignement

> *« L'alignement de structures est le processus de mise en correspondance sémantique[11] des entités qui les composent. »* [Euzenat et al., 2007b]

Ces structures peuvent être des ontologies (au sens large[12]), des schémas XML ou des bases de données. Les liens sémantiques comprennent les relations : d'équivalence (=), de généralisation/spécialisation ($\supseteq$, $\subseteq$), de chevauchement ($\prod$) ou encore d'incompatibilité ($\perp$). L'évaluation de la véracité de ces liens peut être booléenne ou par le biais d'autres mesures telles que : les probabilités, les mesures symboliques, les mesures de similarité.

---

[11] Liens basés sur **la signification** des termes.
[12] Se référer à l'annexe A pour plus de précisions sur la classification des ontologies.

I.4. Dimensions de l'alignement

L'alignement regroupe trois dimensions : *l'input, le processus d'alignement et l'output.*

I.4.1. L'input : est constitué essentiellement des structures destinées à être alignées et qui peuvent être, comme énoncé précédemment, des schémas XML, des schémas relationnels, des ontologies. Notre présent travail, se situe dans le cadre de l'alignement des ontologies «ontology alignment[13]» qui diffère à plusieurs égards, de l'alignement des schémas «schema matching », mais néanmoins reste assez proche, comme le montre le tableau 1 :

Alignement des schémas	Alignement des ontologies
Différences	
Souvent, les données des schémas ne sont pas porteuses de sémantique explicite.	Les ontologies sont des systèmes logiques porteurs de définitions (à travers les axiomes).
Les schémas (relationnels, par exemple) ne fournissent pas de généralisation.	Les définitions des ontologies sont un ensemble d'axiomes logiques aptes à être généralisés par rapport à un contexte donné.
Les ontologies sont plus riches que les schémas, par exemple OWL permet la définition de nouvelles classes à travers les unions et les intersections.	
Points communs	
L'alignement de schémas ou d'ontologies vise à identifier les relations sémantiques (subsomption, équivalence, etc.) existantes entre les entités (concepts, relations) issues de deux structures.	
Les schémas et les ontologies comprennent des vocabulaires de termes qui décrivent le domaine d'intérêt.	
Les schémas et les ontologies sont porteurs de définitions des termes du vocabulaire utilisé.	
Les ontologies peuvent être considérées comme des schémas de bases de connaissances.	

Tableau 1. « Alignement des schémas » vs. « Alignement des ontologies »

[Shvaiko et Euzenat., 2005a] concluent le tableau 1 comparatif en disant ceci : *« Techniques developed for both problems are of a mutual benefit »*.

Remarque : l'input peut être enrichi par un alignement en entrée (qui aurait besoin d'être complété par une nouvelle itération d'alignement).

---

[13] Sites web dédiés à ce domaine : http://www.ontologymatching.org, http://www.atl.lmco.com/projects/ontology

I.4.2. Le processus d'alignement : Comme le montre la figure 8, le processus d'alignement peut être considéré comme une fonction f, qui à partir d'une paire d'ontologies O et O', un alignement en entrée A (optionnel), un ensemble de paramètres p (ex : paramètres de pondération, seuils, etc.) et un ensemble de ressources externes r (ex : thésaurus, lexique, etc.), détermine un alignement A' entre ces deux ontologies : $A' = f(O, O', A, p, r)$. Ceci peut être représenté schématiquement de la manière suivante :

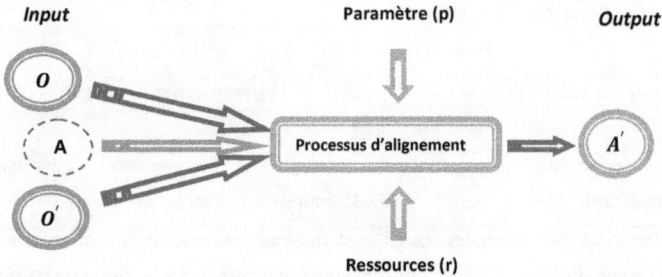

Figure 8. Processus d'alignement

Le processus d'alignement est exécuté selon *une stratégie* ou une combinaison de techniques d'alignement de base décrites dans la section 5 de l'état de l'art.

I.4.3. Output : est un ensemble d'alignement reliant les entités qui composent les deux ontologies. Un alignement est décrit comme un ensemble de cinq éléments: $< id, e, e', r, n >$ telle que ;

- **id**: identifiant unique d'un mapping,
- **e** : une entité, à aligner, appartenant à O (classe, propriété, contrainte, instance),
- **e'** : une entité, à aligner, appartenant à O',
- **r** : la relation qui relie e à e' $(=, \supseteq, \subseteq, \prod, \perp)$,
- **n** : la mesure de confiance de la relation **r**, généralement une valeur réelle comprise dans l'intervalle [0,1]. Plus le **n** est proche du 1, plus la relation est considérée comme étant forte.

❖ L'output est caractérisé par :

a) *La multiplicité* (contraintes sur les relations entre les entités des deux ontologies). Si on considère, d'une part, les valeurs suivantes:

1 : une et une seule relation
? : de 0 à 1 relation
+ : de 1 à plusieurs relations
* : de 0 à plusieurs relations

} à partir d'une entité d'ontologie

D'autre part, les deux orientations possibles d'un alignement entre deux ontologies (**O → O'** et **O' → O**), la multiplicité peut prendre les valeurs suivantes :

1 :1, 1 :?, ?:1, 1 :+, +:1 , 1 :*, *: 1, ?:?, ?:+, +:?, ?:*, * :?, + :*, * :+, + :+, * :*.

La figure 9 montre quelques exemples sur les configurations de multiplicité entre deux ontologies, constituée chacune de trois entités [Euzenat et shvaiko., 2007].

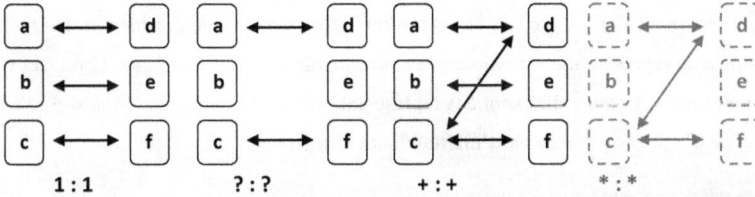

Figure 9. Exemples de configurations de multiplicité entre 2 ontologies

b) Le niveau de l'alignement :

- *Le niveau (0) :* les alignements concernent des entités identifiées par des URIs.
- *Le niveau (1) :* les alignements de paires d'entités sont remplacés par des paires d'ensembles d'entités.
- *Le niveau (2) :* des correspondances plus générales, que les niveaux précédents, peuvent être utilisés.

c) Le format de l'output : il existe plusieurs possibilités de représenter l'output, dont :

- OWL : grâce aux primitives suivantes : equivalentClass, equivalentProperty, subClassOf, subPropertyOf, exemple :

```
<owl : Property rdf : about= "&onto1;#author">
<owl:equivalentProperty rdf:resource="&onto2;#author"/>
</owl:Property>
<owl:Class rdf:about="&onto1;#Book">
<owl:equivalentClass rdf:resource="&onto2;#Volume"/>
</owl:Class>
<owl:Class rdf:about="&onto2;#title">
<owl:subclass ="&onto1;#name"/>
</owl:Class>
```

- Contextualized OWL (C-OWL) : est une extension de OWL pour exprimer les mappings entre ontologies hétérogènes [Bouquet et al., 2003, Bouquet et al., 2004], la nouveauté dans ce langage, par rapport à OWL, est le concept de « bridge rules » qui permet l'expression de relations entre les classes, les relations et les instances interprétées dans des domaines hétérogènes. Les « bridge rules » sont des correspondances orientées d'une ontologie source vers une ontologie destination, ils utilisent les symboles des relations sémantiques (précédemment citées). Les « bridge rules » sont interprétés à partir de l'ontologie destination, ils expliquent comment l'ontologie source est traduite selon l'ontologie destination. C-OWL est conçu aussi pour la représentation d'*ontologies contextuelles* ou *contextualisées* [Bouquet et al., 2004]. Les ontologies contextuelles sont des représentations locales, appelées *contextes*, qui sont en relation avec d'autres contextes par l'intermédiaire d'*appariements*.

Remarque : *la conception de notre algorithme XMAP++ suit la configuration avec la couleur rouge.*

- **Format de l'alignement d'après [Euzenat, 2004]** : c'est le format qui tend à devenir la norme en matière de format d'output d'alignement automatique, il peut être manipulé à travers : Alignment API, il est caractérisé par sa simplicité et comprend les éléments suivants :
  - ➢ **L'ensemble des correspondances** qui expriment les relations identifiées entre les entités des deux ontologies. Une correspondance est égale à $< id, e, e', r, n >$, comme décrite précédemment (les valeurs par défaut sont : l'équivalence (=) pour r et (1) pour le n).
  - ➢ **Le niveau de l'alignement** utilisé pour caractériser le type de correspondances.
  - ➢ **La multiplicité des relations** contenues dans l'alignement (par défaut est égale à 1 :1).
  - ➢ **D'autres métadonnées** peuvent être ajoutées au résultat final comme : l'algorithme d'alignement, sa date de création, etc.

La figure 10, présente l'exemple d'un alignement entre deux ontologies de Turbine à Vapeur réalisé par notre plugin XMAP++ (Djeddi et Khadir., 2010) *selon le format OWL, (niveau (0), muliplicité (1 :1))*:

```
<?xml version="1.0" encoding="UTF-8" ?>
- <rdf:RDF xmlns="http://knowledgeweb.semanticweb.org/benchmarking_interoperability/owl/"
    xmlns:rdf="http://www.w3.org/1999/02/22-rdf-syntax-ns#"
    xmlns:xsd="http://www.w3.org/2001/XMLSchema#">
  - <Alignment>
      <xml>yes</xml>
      <level>0</level>
      <type>**</type>
      <onto1>http://www.owl-ontologies.com/diagno-equipement2007.owl</onto1>
      <onto2>http://www.owl-ontologies.com/unnamed.owl</onto2>
      <uri1>http://www.owl-ontologies.com/diagno-equipement2007.owl</uri1>
      <uri2>http://www.owl-ontologies.com/unnamed.owl</uri2>
    - <map>
      - <Cell>
          <entity1 rdf:resource="http://www.owl-
            ontologies.com/unnamed.owl#_30UG3080206" />
          <entity2 rdf:resource="http://www.owl-
            ontologies.com/unnamed.owl#_30UG3080206" />
          <measure
            rdf:datatype="http://www.w3.org/2001/XMLSchema#float">0.75</measure>
          <relation>=</relation>
        </Cell>
      - <Cell>
          <entity1 rdf:resource="http://www.owl-
            ontologies.com/unnamed.owl#_30NB24W0502" />
          <entity2 rdf:resource="http://www.owl-
            ontologies.com/unnamed.owl#_30NB24W0502" />
          <measure
            rdf:datatype="http://www.w3.org/2001/XMLSchema#float">0.75</measure>
          <relation>=</relation>
        </Cell>
      - <Cell>
          <entity1 rdf:resource="http://www.owl-
```

Figure 10. Résultat d'alignement entre les deux ontologies de Turbine à vapeur réalisé par XMAP++

I.5. Techniques d'alignement

Dans cette partie, nous allons examiner les techniques et les méthodes utilisées dans la littérature qui s'attaquent au problème de recherche de la similarité, de la dissimilarité ou de la correspondance entre deux entités en général, qu'elles apparaissent dans des schémas, ou dans des ontologies représentées soit en RDF(S), soit en OWL. En plus, les approches qui emploient ces techniques seront présentées. Enfin, un tableau récapitulatif résumera une vue globale des approches et leurs relations avec des techniques présentées.

Remarque : La structure de cette partie et quelques méthodes présentées ici sont inspirées et résumées de la thèse de « Lê Bach Thanh » [Bach, 2006].

I.5.1 Les méthodes de base pour mesurer la similarité

Avant de présenter ces méthodes, nous tenons à définir la *similarité*.

I.5.1.1 La similarité

La notion de similarité dans notre contexte n'est pas celle que l'on peut trouver en psychologie ou en mathématiques. En psychologie sociale, la similarité se rapporte à comment les attitudes, les valeurs, les intérêts et la personnalité correspondent entre les personnes. En mathématiques, plusieurs relations d'équivalence (qui sont des relations binaires réflexives, symétriques et transitives) sont appelées *similarité*. Ces relations existent par exemple :

(i) En géométrie : Deux objets géométriques sont similaires si l'un est isométrique avec le résultat d'un agrandissement ou rétrécissement uniforme de l'autre.

L'un peut être obtenu à partir de l'autre uniformément élargi, rétréci, avec une rotation éventuelle (tous les deux ont la même forme), ou en plus, en appliquant un effet du miroir (l'un a la même forme que l'image de miroir de l'autre). Par exemple, tous les cercles sont similaires entre eux, tous les carrés sont similaires entre eux, et toutes les paraboles sont similaires entre elles. D'autre part, ni les ellipses, ni les hyperboles ne sont similaires entre elles. Deux triangles sont semblables si et seulement s'ils ont les mêmes 3 angles.

(ii) En algèbre linéaire, deux matrices A et B de taille n × n sont dites similaires s'il existe une matrice inversible P de même taille n × n satisfaisant $P^{-1}A\ P = B$.

(iii) En topologie, la similarité est une fonction telle que sa valeur est plus grande quand deux points sont plus proches (contrairement à la distance, qui est une mesure de dissimilarité : plus les points sont proches, plus la distance est petite).

Dans notre contexte, la notion de similarité sémantique est vue comme celle de la similarité topologique en mathématiques, où on l'associe à une fonction, appelée fonction de la similarité. La définition de cette fonction de la similarité peut changer selon les approches, selon les propriétés souhaitées. La valeur de cette fonction est souvent comprise entre 0 et 1, ce qui permet des possibilités d'interprétation probabiliste de la similarité. Des propriétés ou des caractéristiques communes possibles de la fonction sont des caractéristiques positives, auto similaires ou maximales, symétriques ou réflexives. On peut aussi trouver d'autres caractéristiques telles que la finitude ou la transitivité.

Définition 1 (Similarité). La similarité $S : O \times O \rightarrow R$ est une fonction d'une paire d'entités à un nombre réel exprimant la similarité entre ces deux entités telle que :

- $\forall a, b \in O, S(a,b) \geq 0$ (*positivité*)
- $\forall a, b, c \in O,\ S(a,a) \geq S(b,c)$ et $S(a,a) = S(a,b) \leftrightarrow a = b$ (*autosimilarité ou maximalité*)
- $\forall a, b \in O,\ S(a,b) = S(b,a)$ (*symétrie*)
- $\forall a, b, c \in O, S(a,b) = S(b,c) \rightarrow S(a,b) = S(a,c)$ (*transitivité*)
- $\forall a, b \in O, S(a,b) \leq \infty$ (*finitude*)

La dissimilarité est parfois utilisée au lieu de la similarité. Elle est définie de manière analogue à la similarité, sauf qu'elle n'est pas transitive :

Définition 2 (Dissimilarité). La dissimilarité $DS: O \times O \rightarrow R$ est une fonction d'une paire d'entités à un nombre réel exprimant la dissimilarité entre ces deux entités telle que :

- $\forall a, b \in O, DS(a, b) \geq 0$ $(positivité)$
- $\forall a, b, c \in O, DS(a, a) \leq DS(b, c)$ et $DS(a, a) = 0$ $(minimalité)$
- $\forall a, b \in O, DS(a, b) = DS(b, a)$ $(symétrie)$
- $\forall a, b \in O, DS(a, b) \leq \infty$ $(finitude)$

La distance est une mesure utilisée aussi souvent que les mesures de similarité. Elle mesure la dissimilarité de deux entités, elle est inverse de la similarité : si la valeur de la fonction de similarité de deux entités est élevée, la distance entre elle est petite et vice-versa. Elle est donc définie dans [Euzenat et al., 2004] comme suit :

Définition 3 (Distance). La distance $D: O \times O \rightarrow R$ est une fonction de la dissimilarité satisfaisant la définitivité et l'inégalité triangulaire :

- $\forall a, b \in O, D(a, b) = 0 \leftrightarrow a = b$ $(définitivité)$
- $\forall a, b, c \in O, D(a, b) + D(b, c) \geq D(a, c)$ $(inégalité\ triangulaire)$

Les valeurs de similarité sont souvent normalisées pour pouvoir être combinées dans des formules plus complexes. Si la valeur de similarité et la valeur de dissimilarité entre deux entités sont normalisées, notées $\bar{S}$ et $\overline{DS}$, alors on a $\bar{S} + \overline{DS} = 1$.

Définition 4 (Normalisation). Une mesure est une mesure normalisée si les valeurs calculées par cette mesure ne peuvent varier que dans un intervalle de 0 à 1. Ces valeurs calculées sont appelées valeurs normalisées. Les fonctions du calcul sont appelées fonctions normalisées et notées $\bar{f}$.

Les mesures de la similarité, de la dissimilarité, de la distance peuvent être classées selon la nature des entités que l'on veut comparer : des termes, des chaînes de caractères, des structures, des instances (des individus des classes), des modèles théoriques.

La Figure 11 résume différentes mesures des similarités, catégorisées selon les techniques utilisées. Ce résumé est une synthèse des travaux présentés dans [Rahm et Bernstein., 2001], [Euzenat et al., 2004] et [Shvaiko et Euzenat., 2005a].

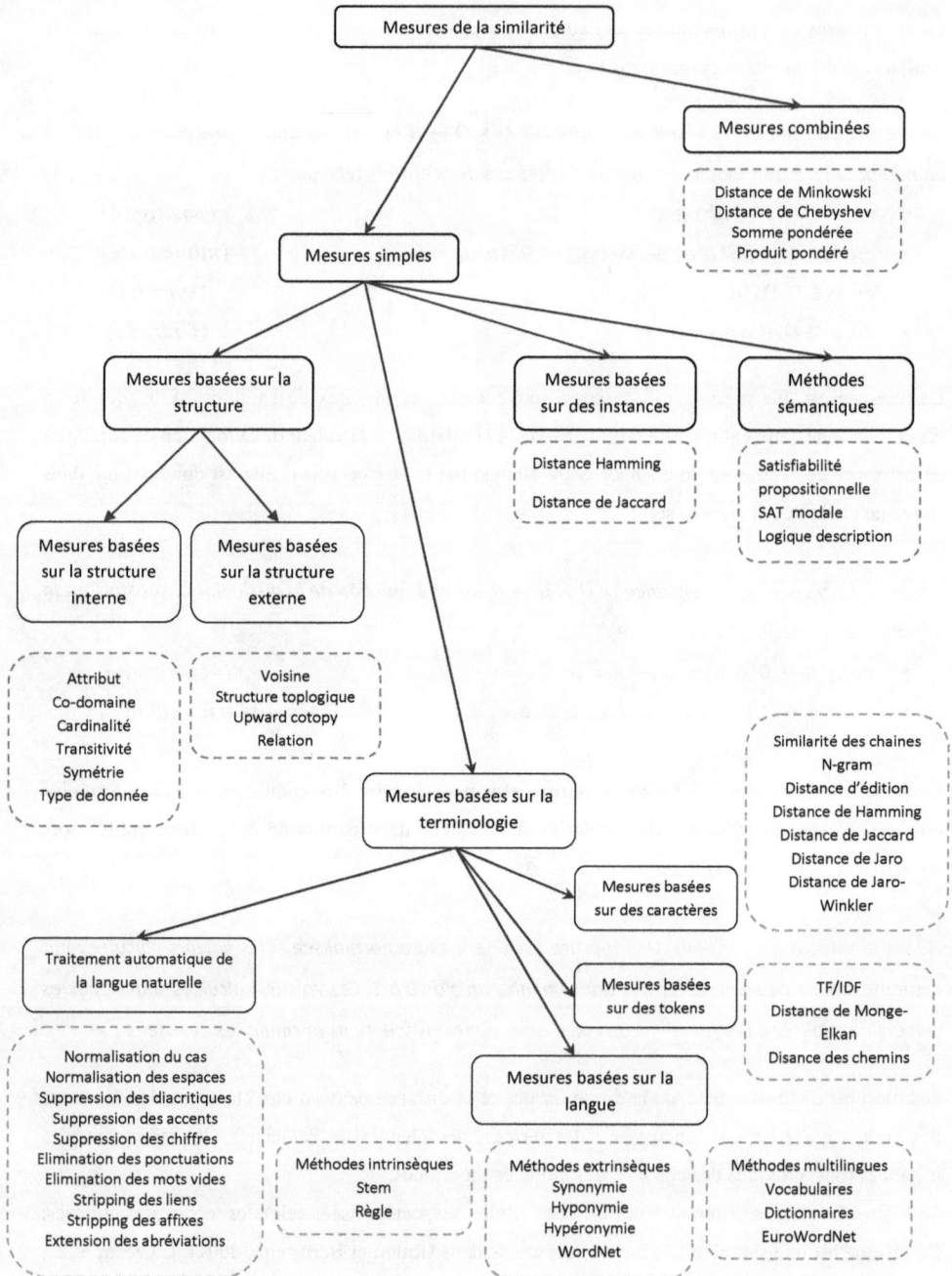

Figure 11. Les catégories des mesures de similarité selon différentes techniques [Bach, 2006]

I.5.1.2 Les méthodes terminologiques

Ces méthodes reposent sur la comparaison des termes ou des chaînes de caractères ou bien les textes. Elles sont employées pour calculer la valeur de la similarité des entités textuelles, telles que des noms, des étiquettes, des commentaires, des descriptions, etc. Ces méthodes peuvent encore être divisées en deux sous-catégories : l'une contient des méthodes qui comparent des termes en se basant sur les caractères contenus dans ces termes et l'autre utilise certaines connaissances linguistiques.

I.5.1.2.1 Les méthodes se basant sur des chaînes de caractères

Ces méthodes analysent la structure des chaînes de caractères, l'ordre des caractères dans la chaîne, le nombre d'apparitions d'une lettre dans une chaîne pour concevoir des mesures de la similarité. Par contre, elles n'exploitent pas la signification des termes. Par exemple, les mesures dans cette catégorie retournent une grande valeur de similarité (jusqu'à 1) si elles comparent les termes « Voiture » et « voitures », mais une petite valeur, voire la valeur 0, si elles comparent les termes « voiture » et « bagnole ». Les résultats de la comparaison des chaînes de caractères seront améliorés si ces chaînes sont « nettoyées » ou traitées avant de les fournir aux formules calculant la similarité. Cette phase est appelée la phase de normalisation ou de normalisation textuelle, qui diffère de la normalisation des valeurs de similarité dans un intervalle de [0,1] discutée ci-dessus (Définition 4). Les différents types de normalisation textuelle sont ceux empruntés au domaine de traitement automatique de la langue naturelle (TALN) :

- Normalisation des caractères : ce type de normalisation converti toutes les majuscules dans une chaîne de caractères en leurs formes minuscules ou vice-versa. Par exemple, la chaîne de caractères « VoitureS » sera convertie à « voitures » et ensuite, elle est considérée comme égale exactement à l'autre chaîne de caractères « voitures ».
- Normalisation des espaces : ce type de normalisation remplace toutes les séquences consécutives des espaces, des tabulations, des retours de chariot (les caractères CR) trouvées dans une chaîne de caractères par un seul caractère d'espace. Par exemple, l'expression « ma voiture » est normalisée à « ma voiture ».
- Suppression des signes diacritiques ou des accents (aigus, graves, etc.) : ce type de traitement remplace des caractères avec des signes diacritiques par caractères correspondants sans signes diacritiques. Par exemple, le mot « Hanoï » est remplacé par le mot « Hanoi » sans changer la signification du mot, la capitale du Vietnam. Cependant, certaines suppressions changeront la signification du terme : « là » (adverbe de lieu) et « la » (article).
- Suppression des chiffres.

- Élimination des ponctuations.
- Élimination des mots vides (les mots contenant peu d'informations tels que « est », « un », « les »…).
- Suppression des affixes (préfixes, suffixes).
- Extension des abréviations.
- Tokenisation.
- Lemmatisation (passer au singulier, à l'infinitif pour les verbes, au masculin pour les adjectifs…).

Il existe plusieurs mesures calculant la valeur de similarité ou la distance entre deux chaînes de caractères dans la littérature telles que la similarité de Jaccard, la distance de Hamming, la distance de Levenshtein, le n-gram, etc. Certaines sont implémentées en Java[14], en C[15], etc. Nous présentons ici quelques mesures les plus utilisées dans les approches d'alignement d'ontologies dans le cadre du Web sémantique.

Si nous considérons une chaîne de caractères comme un ensemble de caractères S, la similarité de Jaccard entre deux chaînes est définie ainsi :

Définition 5 (Similarité de Jaccard). Soit s et t deux chaines de caractère. Soit S et T les ensembles des caractères de s et t respectivement. La similarité de Jaccard est une fonction de la similarité $S_{Jaccard} : S \times S \rightarrow [0,1]$ telle que :

$$\overline{S_{Jaccard}}(s,t) = \frac{|S \cap T|}{|S \cup T|} \tag{1}$$

Une classe importante des fonctions mesurant la distance entre deux chaînes de caractères s et t, est constituée des fonctions calculant la distance d'édition (edit distance), dans lesquelles la distance est le coût de la meilleure séquence des opérations d'édition qui convertissent s en t. Des opérations d'édition typiques sont celles de l'insertion, de la suppression, et de la substitution de caractère, et à chaque opération est affecté à un coût.

---

[14] http://www.dcs.shef.ac.uk/~sam/stringmetrics.html
[15] http://www.monkey.org/~jose/software/libdistance/distance_3.html

*Définition 6 (Distance d'édition). **Soit un ensemble d'opérations d'édition $OP, op \in OP, op: S \to S$ et une fonction de coût d'édition $w: OP \to R$. Pour n'importe quelle paire des chaînes de caractères, il existe une séquence des opérations d'édition qui transforme la première en la seconde (et vice versa), la distance d'édition de deux chaînes de caractères s et t est une fonction de la dissimilarité $DS_{de} : S \times S \to [0,1]$ telle que $DS_{de}(s,t)$ est le coût de la séquence des opérations la moins coûteuse qui transforme s en t.***

$$\overline{DS_{de}}(s,t) = min_{(op_1)_1: op_n(....op_1(s))=t} \left(\sum_{k=1} w_{op_i} \right) \qquad (2)$$

Les variantes de cette mesure sont différentes au niveau des coûts assignés aux opérations d'édition. On peut trouver :

➤ La distance de Levenstein où tous les coûts sont égaux à 1.

➤ La distance de Damerau qui est presque identique à la distance de Levenshtein mais qui peut tolérer des caractères adjacents qui ont été permutés, une erreur typographique habituelle.

➤ La distance de Smith-Waterman [Durban et al. 1998] qui affecte des coûts relativement inférieurs à la séquence des insertions ou des suppressions.

➤ La distance de Needleman-Wunsch avec des matrices des coûts pour chaque paire des caractères dans des opérations des insertions ou des suppressions.

La métrique Jaro [Jaro, 1995; 1989] produit la similarité entre deux chaînes de caractères en se basant sur le nombre et l'ordre des caractères communs entre elles.

*Définition 7 (Distance de Jaro). **Soit s et t deux chaînes de caractères. Soit N_c le nombre des caractères communs apparaissant dans les deux chaînes dans une distance de moitié de la longueur de la chaîne la plus courte. Soit N_t le nombre des caractères transposés, qui sont des caractères communs apparaissant dans des positions différentes. La distance de Jaro est une fonction de la dissimilarité $DS_{Jaro} : S \times S \to [0,1]$ telle que :***

$$DS_{Jaro}(s,t) = 1 - \frac{1}{3} \left(\frac{N_c}{|S|} + \frac{N_c}{|t|} + \frac{N_c - N_{t/2}}{N_c} \right) \qquad (3)$$

Il existe aussi des distances qui sont des variantes de la distance de Jaro, telle que la distance Jaro-Winkler [Winkler, 1999] :

*Définition 8 (Distance de Jaro-Winkler). **Soit s et t deux chaînes de caractères. Soit P la longueur du préfixe commun le plus long de s et t. Soit n un nombre positif. La distance de Jaro-Winkler est une fonction de la dissimilarité $DS_{JaroWinkler} : S \times S \to [0,1]$ telle que :***

$$\overline{DS_{JaroWinkler}}(s,t) = \overline{DS_{Jaro}}(s,t) - \frac{max(P,n)}{10} \overline{DS_{Jaro}}(s,t) \qquad (4)$$

I.5.1.2.2 Les distances basées sur des tokens

Les mesures présentées ci-dessus s'adaptent bien lorsque l'on veut comparer deux termes ou deux courtes chaînes de caractères. Il existe aussi des cas où l'on a besoin de comparer des textes longs ou bien des documents textuels. Dans ces cas, ces entités sont découpées en plusieurs morceaux, appelés tokens. Elles deviennent des ensembles des tokens, et la similarité entre elles est produite grâce aux mesures de similarité basées sur des tokens.

Il existe plusieurs mesures de cette catégorie dans la littérature telles que la similarité de Dagan [Dagan et al., 1999], la distance de Jensen-Shannon, la distance de Fellegi-Sunter [Fellegi et Sunter., 1969], etc. Nous présentons ici quelques mesures les plus utilisées dans les approches d'alignement d'ontologies dans le cadre du Web sémantique. La similarité de Jaccard (Définition 5) peut être étendue pour comparer des ensembles des tokens, en définissant la similarité comme le rapport entre la cardinalité de l'intersection des ensembles sur la cardinalité de leur union.

Une mesure qui est largement employée dans le domaine de la recherche d'informations, semble convenable ici. Il s'agit du TF/IDF (Term frequency/Inverse Document Frequency). Dans sa conception originale, TF/IDF est employé pour mesurer la pertinence d'un terme dans l'ensemble de documents. La fréquence de terme, TF, dans un document donné montre l'importance de ce terme dans le document en question. La fréquence inverse de document, IDF, est une mesure de l'importance générale du terme dans l'ensemble de documents.

Définition 9 (TF/IDF). Soit D un corpus des documents, |D| dénote le nombre des documents dans le corpus D. Soit t un terme à considérer, n(t) étant le nombre d'occurrences du terme t dans un document, et N étant le nombre des termes dans ce document, et d(t) étant le nombre des documents qui contiennent au moins une fois le terme t. Les mesures de TF et TF/IDF sont définies comme suivante :

$$TF = \frac{n(t)}{N} \ et \ {TF}/{IDF} = TF \times \log(\frac{|D|}{d(t)}) \qquad (5)$$

La similarité des entités textuelles peut être construite comme la valeur cosinus de deux vecteurs représentant ces entités, où chaque dimension correspond à un terme et sa valeur correspond à la valeur TF/IDF de ce terme.

On définira un n-gram de caractères par une suite de n caractères : bi-grams pour n=2, tri-grams pour n=3, quadri-grams pour n=4, etc. Il n'est plus question de chercher un délimiteur comme c'était le cas pour le mot. Un découpage en n-grams de caractères, quelque soit n, reste valable pour toutes les langues utilisant un alphabet et la concaténation comme opérateur de construction du texte.

Définition 10 (n-gram). Soit $ngram(s,n)$ l'ensemble de sous chaines de caractères s de taille n. La mesure de similarité $ngram$ est une similarité $\sigma: \mathbb{S} \times \mathbb{S} \rightarrow \mathbb{R}$ tel que:

$$\sigma(s,t) = |ngram(s,n) \cap ngram(t,n)| \tag{6}$$

La version normalisée de cette fonction est comme suit.

$$\bar{\sigma}(s,t) = \frac{|ngram\ (s,n) \cap ngram\ (t,n)|}{\min\ (|s|,|t|) - n + 1} \tag{7}$$

[Monge et Elkan., 1996] propose une méthode hybride pour comparer des chaînes de caractères longues, qui découpe ces deux chaînes en plusieurs chaînes plus courtes.

Ensuite, ces dernières sont comparées par une mesure de distance quelconque citée ci-dessus. Enfin, les résultats obtenus sont combinés.

Définition 11 (Similarité hybride). Soit $s = a_1 \ldots a_K$ et $t = b_1 \ldots b_L$ deux chaînes de caractères, où a_i et b_j sont des sous-chaînes de s et t respectivement. Soit S une mesure de la similarité entre deux chaînes des caractères. La similarité hybride est une fonction de la similarité $S_{hybride}: S \times S \rightarrow [0,1]$ telle que :

$$\overline{S_{hybride}}(s,t) = \frac{1}{K} \sum_{i=1}^{K} \max_{j=1}^{L} S(a_i, b_j) \tag{8}$$

[Cohen et al., 2003] fait une excellente comparaison de plusieurs mesures de similarité montrant le point fort de chaque technique pour une tâche particulière. Chaque mesure de distance ou de similarité s'adapte mieux dans certains domaines d'application. Le Tableau 2 (synthèse de [Cohen et al., 2003]) résume des domaines d'applications pour des mesures présentées dans cette partie.

Mesure de similarité	Domaine d'application
N-gram	Bigrams (n = 2) est efficace avec des erreurs typographiques mineures.
Distance d'édition	Peut être appliquée aux entités ayant une longueur variable. Pour atteindre une exactitude raisonnable, les coûts des opérations de modification dépendent de chaque domaine.
Distance de Hamming	Utilisée principalement pour les entités numériques ayant des tailles fixes, comme les codes postaux ou les numéros de sécurité sociale.
Distance de Monge-Elkan	La meilleure performance au niveau des résultats dans plusieurs expériences. Peut être employée dans plusieurs domaines.
Distance de Jaro/Jaro-Winkler	Presque même performance au niveau des résultats que Monge-Elkan mais beaucoup plus rapide.
Distance basée sur TF/IDF	La meilleure pour la comparaison des textes longs (basée sur des tokens).

Tableau 2. Critères principaux d'utilisation des mesures de la similarité [Bach, 2006]

I.5.1.2.3 Les méthodes linguistiques

La similarité entre deux entités représentées par des termes peut aussi être déduite en analysant ces termes à l'aide des méthodes linguistiques. Ces méthodes exploitent essentiellement des propriétés expressives et productives de la langue naturelle [Maynard et Ananiadou., 1999]. Les informations exploitées peuvent être celles intrinsèques (des propriétés linguistiques internes des termes telles que des propriétés morphologiques ou syntaxiques) ou celles extrinsèques (employant des ressources externes telles que des vocabulaires ou des dictionnaires).

Les méthodes intrinsèques

Une même entité ou un même concept peut être référencé par plusieurs termes (synonymie) ou par plusieurs variantes d'un même terme. Le Tableau 3 (extrait de [Euzenat et al., 2004]) montre des variantes possibles du terme *enzyme activity*.

Type	Sous-type	Exemple
Morphologique	Inflexion Dérivation Flexionnel-Dérivationnel	enzyme activities enzymatic activity enzymatic activities
Syntaxique	Insertion Permutation Coordination	enzyme amidolytic activity activity of enzyme enzyme and bactericidal activity
Morpho-syntaxiques	Dérivation-Coordination Inflexion- Permutation	enzymatic and bactericidal activity of enzymes
Sémantique		fermentation
Multilingue	French Vietnamien	activité d'enzyme su lên men

Tableau 3. Variantes du terme enzyme activity (extrait de [Euzenat et al., 2004])

Les méthodes intrinsèques fonctionnent avec le principe de chercher la forme canonique ou représentative d'un mot ou d'un terme (lemme) à partir de ses variantes linguistiques (lexème). La similarité entre deux termes est donc décidée en comparant leurs lemmes. Par exemple, le résultat de la mesure de similarité exacte de deux mots « ran » et « running » sera égal à 0 (c.-à-d. ils sont différents), alors que le résultat de la même mesure pour les lemmes de ces mots sera égal à 1, ce qui indique que « ran » et « running » sont similaires.

La recherche du lemme d'un mot peut être effectuée dans un dictionnaire. Une autre approche qui est automatique et plus légère et plus efficace est d'utiliser des stemmers. Un stemmer est un programme ou un algorithme qui détermine la forme radicale à partir d'une forme infléchie ou dérivée d'un mot donné. Les radicaux (stems) trouvés par les stemmers n'ont pas besoin d'être identiques à la racine morphologique du mot. Il suffit que les mots similaires soient associés à un même radical, même si ce radical n'est pas une racine de mot valide. Un stemmer pour le français, par exemple, devrait identifier les chaînes de caractères «maintenaient», «maintenait», «maintenant», ou «maintenir» comme basées sur la racine "mainten". Une approche plus complexe pour déterminer le radical exact d'un mot est la lemmatisation. Ce processus comprend la détermination de la partie du discours (catégorie lexicologique) d'un mot, et l'application des règles de normalisation différentes pour chaque partie du discours. Cette approche exige la connaissance de la grammaire d'une langue, des règles différentes, etc. Elle est donc lourde, compliquée et difficile à implémenter.

Le premier stemmer publié a été écrit par Julie Beth Lovins [Lovins, 1968]. Ensuite un autre stemmer a été développé par Martin Porter [Porter, 1980]. Ce dernier est très largement utilisé, et est devenu l'algorithme standard utilisé pour chercher des radicaux dans la langue anglaise. L'algorithme est implémenté dans plusieurs langages de programmation Snowball[16], un framework pour implémenter des algorithmes de stemmers, leurs variantes ou bien des algorithmes de stemmers pour d'autres langues (par exemple le finnois, le russe, le danois l'allemand, le français, etc.), est aussi créé par Porter.

Les méthodes extrinsèques

Ces méthodes calculent la valeur de similarité entre deux termes en employant des ressources externes telles que des dictionnaires, des lexiques ou des vocabulaires. La similarité est décidée grâce aux liens sémantiques déjà existants dans ces ressources externes tels que des liens synonymes (pour l'équivalence), des liens hyponymes/hypéronymes (pour la subsomption) (Voir figure 12).

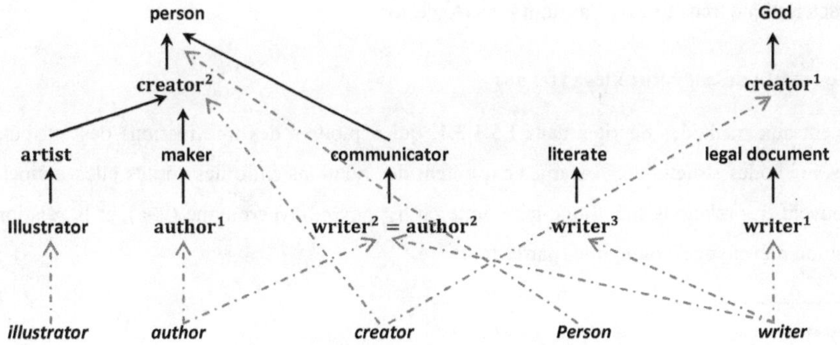

Figure 12. Un fragment de la hiérarchie de WordNet
pour mettre en évidence les liens entre les termes :
« Author, writer, creator, illustrator & person» [Euzenat et shvaiko., 2007]

Par exemple, à l'aide des ressources des synonymes, «voiture» et «bagnole» sont dites similaires. Typiquement, WordNet[17], un système lexicologique, est employé pour trouver des relations telles que la synonymie entre des termes, ou pour calculer la distance sémantique entre ces termes, en utilisant des liens sémantiques, afin de décider s'il existe une relation entre eux. Les ressources externes utilisées dans les méthodes extrinsèques peuvent aussi être des vocabulaires ou des dictionnaires multilingues, ou d'autres systèmes tels que EuroWordNet[18], Polylex[19].

I.5.1.3 Les méthodes structurelles

Ce sont des méthodes qui déduisent la similarité de deux entités en exploitant des informations structurelles lorsque les entités en question sont reliées aux autres par des liens sémantiques ou syntaxiques, formant ainsi une hiérarchie ou un graphe des entités. Nous appelons méthodes structurelles internes les méthodes qui n'exploitent que des informations concernant des attributs d'entité, et méthodes structurelles externes les autres qui considèrent des relations entre des entités.

I.5.1.3.1 Les méthodes structurelles internes

Ces méthodes calculent la similarité entre deux entités en exploitant des informations des structures internes de ces entités. Dans la plupart des cas, ce sont des informations concernant des attributs de l'entité, telles que des informations du co-domaine des attributs, celles de la cardinalité des attributs, celles des caractéristiques des attributs (la transitivité, la symétrie), ou celles des autres types de restriction sur des attributs.

Par exemple, en considérant l'entité : le concept «Humain», nous pouvons exploiter des informations concernant des attributs de ce concept tels que l'intervalle des valeurs de donnée pour l'attribut « hasAge », à savoir [0, 150] ; la cardinalité de l'attribut « hasEpouse », à savoir 1 ; ou bien la caractéristique transitive de l'attribut « hasAncestor ».

I.5.1.3.2 Les méthodes structurelles externes

Contrairement aux méthodes décrites dans I.5.1.3.1, qui exploitent des informations des attributs d'entité, les méthodes structurelles externes exploitent des relations entre des entités elles-mêmes, qui sont souvent des relations spécifique-générique ou hyponyme-hyperonyme (is-a), et la relation de composition meronymie-holonymie (partie-tout).

---

[16] http://snowball.tartarus.org

[17] http://wordnet.princeton.edu/

[18] http://www.illc.uva.nl/EuroWordNet/ - un système de réseaux sémantiques pour des langues européennes où chaque langue développe son propre WordNet et elles sont reliées entre elles par des liens inter-langues

[19] http://www.informatics.susx.ac.uk/research/nlp/polylex/ - un lexique multilingue pour le Néerlandais, l'Anglais et l'Allemand, construit à partir de différents lexiques monolingues contenues dans la base de données CELEX (http://www.ru.nl/celex/)

Avec ces relations, les entités sont considérées dans des hiérarchies et la similarité entre elles est déduite de l'analyse de leurs positions dans ces hiérarchies. L'idée de base est que si deux entités sont similaires, leurs voisines pourraient également être d'une façon ou d'une autre similaires. Cette observation peut être exploitée de plusieurs manières différentes en regardant des relations avec d'autres entités dans des hiérarchies. Deux entités peuvent être considérées similaires si :

- Leurs super-entités directes (ou toutes leurs super-entités) sont similaires.
- Leurs sœurs (ou toutes leurs sœurs, qui sont les entités ayant la même super-entité directe avec les entités en question) sont déjà similaires.
- Leurs sous-entités directes (ou toutes leurs sous-entités) sont déjà similaires.
- Leurs descendants (entités dans le sous-arbre ayant pour racine l'entité en question) sont déjà similaires.
- Toutes (ou presque toutes) leurs feuilles (les entités de même type, qui n'ont aucune sous-entité, dans le sous-arbre ayant pour racine l'entité en question) sont déjà similaires.
- Toutes (ou presque toutes) les entités dans les chemins de la racine aux entités en question sont déjà similaires.

Des combinaisons des heuristiques ci-dessus sont aussi possibles.

Cependant, cette approche peut rencontrer quelques difficultés dans les cas, où les hiérarchies sont différentes au niveau de granularité. Par exemple, si dans une hiérarchie, l'entité «Personne» a deux sous-entités «Enfant» et «Adulte», et si dans une autre hiérarchie, la même entité «Personne» est divisée en deux autres sous-entités «Femme» et «Homme», la déduction que «Enfant» et «Femme» ou «Enfant» et «Homme» sont similaires, est incorrecte dans tous les cas.

I.5.1.4 Les méthodes extensionnelles

Ces méthodes déduisent la similarité entre deux entités qui sont notamment des concepts ou des classes en analysant leurs extensions, c.à.d. leurs ensembles d'instances (Voir figure 13).

Dans le cas où les ensembles d'instances partagent une partie commune, il est possible d'utiliser des mesures qui emploient des opérations sur les ensembles, telles que celles de Hamming ou de Jaccard. Fondamentalement, la mesure de Hamming compte un nombre d'éléments différents entre deux ensembles à comparer et la mesure de Jaccard est le rapport entre l'intersection des ensembles et leur union (voir Définition 5). Ces mesures peuvent être adaptées pour construire des mesures extensionnelles.

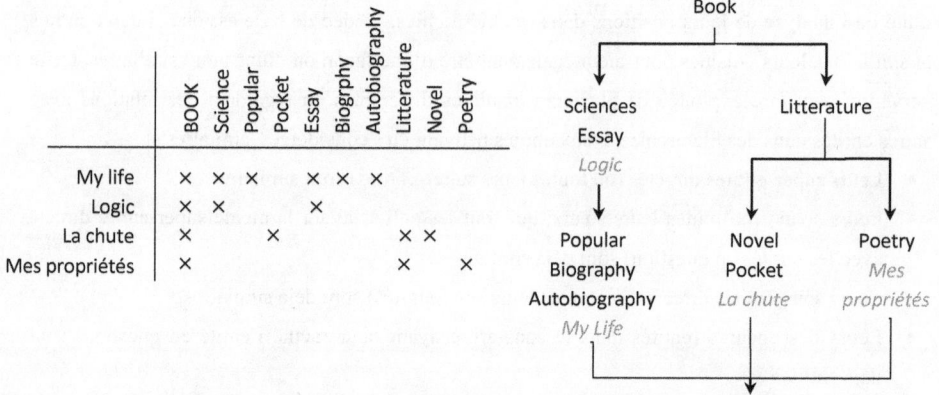

Figure 13. Déduire les liens entre des concepts à partir d'un ensemble d'instances
[Euzenat et shvaiko., 2007]

Définition 12 (Distance de Hamming, version adaptée pour les ensembles des instances). **Soit S et T deux ensembles. La distance de Hamming (appelée aussi la différence symétrique) entre S et T est une fonction de la dissimilarité.**

$$\overline{DS_{Hamming}}(S,T) = \frac{|S \cup T - S \cup T|}{|S \cup T|} \tag{9}$$

Définition 13 (Distance de Jaccard, version adaptée pour les ensembles des instances). **Soit S et T deux ensembles. Soit P(x) la probabilité d'une instance aléatoire être dans l'ensemble X. La distance de Jaccard est une fonction de la dissimilarité** $DS_{Jaccard} : 2^E \times 2^E \to [0,1]$ **telle que :**

$$\overline{DS_{Jaccard}}(s,t) = 1 - \frac{P(S \cap T)}{P(S \cup T)} \tag{10}$$

Les mesures ci-dessus produisent la similarité de deux entités qui est en fait la similarité entre les deux ensembles de leurs instances en se basant sur la comparaison exacte des éléments dans deux ensembles. Dans le cas où les ensembles des instances ne partagent aucune partie commune, ces mesures ne sont plus applicables (le résultat retourné sera toujours égal à 1, c.à.d. les entités à comparer sont toujours différentes).

I.5.1.5 Les méthodes sémantiques

1. Les techniques basées sur les ontologies externes

Lorsque deux ontologies doivent être alignées, il est préférable que les comparaisons se fassent selon un capital de connaissances communes. Ce type de techniques s'intéresse à l'utilisation d'ontologie formelle intermédiaire pour répondre à ce besoin. Cette ontologie va définir un contexte commun [Giunchiglia et al., 2006] pour les deux ontologies à aligner.

L'idée est que cette ontologie, avec une couverture appréciable du domaine d'intérêt des ontologies (ou une ontologie encore plus générale comme une ontologie de haut niveau), va permettre de lever le voile sur les ambigüités concernant les différentes significations possibles des termes. Des exemples d'ontologies intermédiaires : FMA[20] "the Foundational Model of Anatomy" et SUMO[21] "the Suggested Upper Merged Ontology".

2. Les techniques déductives

Les méthodes sémantiques se basent sur des modèles de logique (tels que la satisfiabilité propositionnelle (SAT), la SAT modale ou les logiques de descriptions) et sur des méthodes de déduction pour déduire la similarité entre deux entités. Les techniques des logiques de description (telles que le test de subsomption) peuvent être employées pour vérifier des relations sémantiques entre des entités telles que l'équivalence (la similarité est égale à 1), la subsomption (la similarité est de 0 à 1) ou l'exclusion (la similarité est égale à 0), et permettent donc de déduire la similarité de deux entités.

I.5.2 Les méthodes de combinaison des similarités

Une entité peut être considérée sous différents aspects, soit en s'appuyant sur son nom, soit sur ses attributs, ou sur ses relations avec d'autres entités. La similarité entre deux entités peut donc être calculée en se basant sur plusieurs aspects. Sur chaque aspect, les caractéristiques d'une entité sont comparées avec les caractéristiques correspondantes d'une autre par une des mesures de similarité de base présentées dans la section I.5.1, cela retourne une valeur de la similarité (ou de la dissimilarité/distance).

Il faut donc un moyen pour combiner toutes les valeurs de similarités calculées de chaque aspect pour produire une seule valeur de similarité représentative pour deux entités à comparer. Cette partie analyse quelques approches existantes dans la littérature.

La distance de Minkowski entre deux entités est définie comme suivante :

---

[20] http://sig.biostr.washington.edu/projects/fm/
[21] http://www.ontologyportal.com

Définition 14 (Distance de Minkowski). **Soit O l'ensemble d'objets qui peuvent être analysés dans n dimensions. Soit x et y deux objets dans O. La distance de Minkowski entre x et y est une fonction de la dissimilarité $DS_{Minkowski}$: $O \, x \, O \rightarrow R$ telle que :**

$$DS_{Minkowski}(x,y) = \sqrt[p]{\sum_{i=1}^{n} DS(x_i, y_i)^p} \tag{11}$$

Cette distance est une mesure généralisée avec différentes valeurs de p, $p \geq 1$.

Quand p est égale à 1, elle devient la distance de « city block » et quand $p = 2$ elle devient la distance euclidienne. La distance de Chebyshev (appelée aussi la distance de valeur maximum) est un cas spécial de la distance de Minkowski avec p = ∞ : $DS_{Chebyshev}(x,y) = max_i DS(x_i, y_i)$.

Cette mesure n'est une fonction linéaire que quand $p = 1$ ou $p = \infty$. Dans le cas où $p = 1$, une variante de cette mesure avec des poids est souvent utilisée. Le bon côté de cette variante est que nous pouvons contrôler l'influence (ou l'importance) de chaque dimension sur la valeur finale de la distance. Les dimensions les plus importantes seront associées aux poids les plus élevés, donc les valeurs de ces dimensions influenceront mieux à la valeur agrégée finale.

Définition 15 (Somme pondérée). **Soit O l'ensemble d'objets qui peuvent être analysés dans n dimensions. Soit x et y deux objets dans O. Soit ω_i le poids de la dimension i. Soit $DS(x_i, y_i)$ la dissimilarité de la paire des objets à la dimension i. La somme pondérée entre x et y est une fonction de la dissimilarité $DS_{sp}: O \times O \rightarrow R$ telle que :**

$$DS_{sp}(x,y) = \sum_{i=1}^{n} \omega_i * DS(x_i, y_i) \tag{12}$$

En général, la somme des poids est égale à 1 : $\sum_{i=1}^{n} \omega_i = 1$, dans ce cas, nous avons la version normalisée de DS_{sp}.

Une autre mesure analogue à la somme pondérée est le produit pondéré.

Cependant, un inconvénient de cette mesure est que le résultat sera égal à 0 si une des dimensions est égale à 0.

Définition 16 (Produit pondéré). **Soit O l'ensemble d'objets qui peuvent être analysés dans n dimensions. Soit x et y deux objets dans O. Soit w_i le poids de la dimension i. Soit $DS(x_i, y_i)$ la dissimilarité de la paire des objets à la dimension i. Le produit pondéré entre x et y est une fonction de la dissimilarité $DS_{pp}: O \, x \, O \rightarrow R$ telle que :**

$$DS_{sp}(x,y) = \prod_{i=1}^{n} DS(x_i, y_i)^{w_i} \tag{13}$$

Toutes les approches, qui combinent des valeurs de similarité calculées par différentes mesures, emploient la méthode de la somme pondérée (Définition 15). Cependant, certaines approches (par exemple Anchor-PROMPT) déduisent des alignements en examinant des critères heuristiques sans utiliser des méthodes de combinaison des similarités.

Résumé : les techniques d'alignement présentées sont les outils dont disposent les concepteurs de systèmes d'alignement pour trouver les solutions aux problèmes de l'hétérogénéité des ontologies. La conception et le développement de ces systèmes nécessitent un traitement plus global, en effet, ces systèmes doivent pouvoir : [Euzenat et Shvaiko., 2007]

- *Sélectionner et combiner* les techniques de base de l'alignement afin d'améliorer la qualité de l'alignement résultant.
- *Apprendre* à partir des données les meilleurs techniques et les meilleurs paramètres.
- Tenir compte des remarques des experts du domaine de l'ontologie et des utilisateurs d'une manière générale.

I.5.3 Les approches d'alignement d'ontologies

I.5.3.1 Classifications des systèmes d'alignement

La première classification des systèmes automatiques d'alignement est celle de [Rahm et Bernstein., 2001] qui distingue entre les systèmes qui utilisent une technique individuelle d'alignement et ceux qui combinent plusieurs techniques, soit à travers : un système hybride ou un système composite (combinatoire).

i.   *Les systèmes à techniques individuelles,* sont classés selon les critères suivants :
- Instance vs. Schéma : les systèmes peuvent tenir compte des instances de données ou se contenter du niveau schéma.
- Elément vs. Structure : l'alignement est réalisé selon les éléments des schémas (ex : les attributs) ou par rapport à une combinaison de ces éléments tels que des structures complexes de schéma.
- Langage vs. Contrainte : un système peut utiliser une approche basée sur la linguistique (ex : basée sur les noms) ou une approche basée sur les contraintes (ex : basée sur les relations entre les classes).
- Multiplicité ou cardinalité : l'alignement résultant va différer selon que la multiplicité ait la valeur 1:1 (à un élément du premier 1er schéma correspond 1 seul autre élément du $2^{éme}$ schéma) ou les autres valeurs possibles.

- Informations auxiliaires : les systèmes peuvent utiliser des informations auxiliaires tels que : un dictionnaire, un schéma global, des décisions antérieures à l'alignement etc.

ii.   *Les systèmes combinatoires :*

L'approche hybride, d'une manière générale, est assimilée au "*balck box paradigm*" (le concept de la boîte noire). C'est une approche séquentielle multicritères (plusieurs algorithmes), toutefois elle est statique puisque l'utilisateur n'a pas la possibilité de modifier la combinaison d'algorithmes qui la composent. Par contre, l'approche combinatoire ou composite est une exécution parallèle de plusieurs algorithmes modifiables à volonté par les utilisateurs (il est possible d'ajouter un algorithme, d'en retirer un autre, etc.) donc elle présente l'avantage d'être plus flexible, notamment dans la combinaison des résultats obtenus par les différents algorithmes. Le comparatif tableau 4 dresse les principales différentes entre les deux types d'approches d'alignement citées ci-dessus:

Hybride	Composite
Intègre plusieurs critères dans un seul algorithme.	Intègre les résultats de plusieurs techniques d'alignement exécutées séparément.
Les meilleurs paramètres sont stabilisés et une plus grande performance est réalisée.	Grande flexibilité.
Les techniques d'alignement sont exécutées dans un ordre fixé à l'avance.	Les techniques d'alignement sont sélectionnées.
Difficile à mettre à jour.	Nécessite plus de travail pour combiner les techniques d'alignement.

Tableau 4. Comparatif des approches hybrides vs. Approches composites

L'approche combinatoire permet aussi de combiner les résultats produits par plusieurs algorithmes exécutés de manière indépendante. Les méthodes composites ont l'avantage d'être modulaires et ainsi d'être adaptables plus facilement à différentes structures d'entrée des ontologies. Cependant, ces méthodes nécessitent de fusionner les résultats produits par les différents algorithmes. Nous distinguons deux approches principales :

- La composition parallèle, comme décrit dans la figure 14, où les résultats des algorithmes individuels sont obtenus de manière indépendante, puis agrégés pour former le mapping final (i.e., les fonctions d'agrégation utilisées peuvent être, par exemple, le maximum, la moyenne arithmétique ou une moyenne pondérée.).

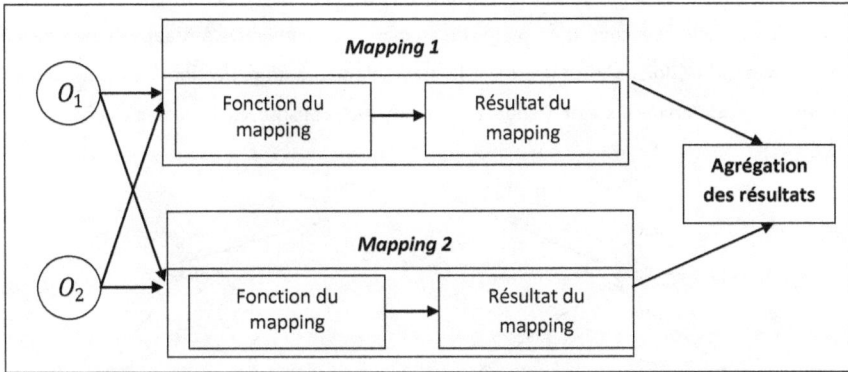

Figure 14. Composition parallèle des techniques de mapping

La composition parallèle permet de combiner plusieurs résultats produits par une panoplie d'algorithmes individuels. Ces algorithmes sont exécutés de manière totalement indépendante [Rahm et Bernstein., 2001];

- La composition linéaire ou séquentielle, comme décrit dans la figure 15, permet d'exécuter successivement les algorithmes d'alignement. Le résultat d'un algorithme sert comme entrée à l'algorithme suivant.

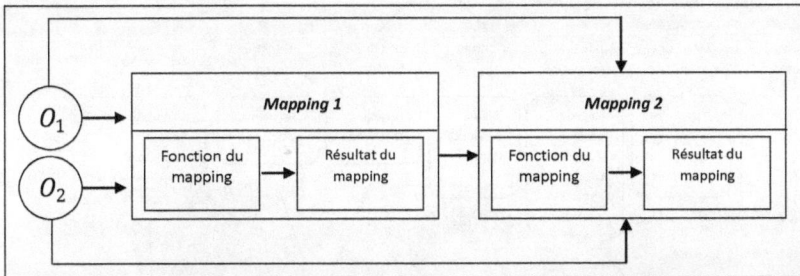

Figure 15. Composition linéaire (séquentielle) des techniques de mapping

Une autre classification est venue compléter la première et a été proposée dans [Shvaiko et Euzenat., 2005b], selon deux critères jugés prioritaires (voir figure 16) :

1. La granularité de l'input : cette classification met en exergue l'aspect élément vs. structure, elle y a aussi intégré, à un deuxième niveau : syntaxique vs. sémantique vs. Externe[22].
2. Le type d'input utilisé par les techniques individuelles d'alignement.

---

[22] Par rapport aux méthodes internes qui n'ont pas recours aux ressources externes telles que les thésaurus

Parmi les techniques d'alignement les plus récentes est *la réutilisation de l'alignement « Alignment Reuse »*: l'idée est que beaucoup d'ontologies à aligner sont semblables à d'autres ontologies déjà alignées, en particulier, lorsqu'elles décrivent le même domaine d'application. Ces techniques sont prometteuses surtout lorsqu'il s'agit d'aligner des ontologies constituées de centaines d'entités.

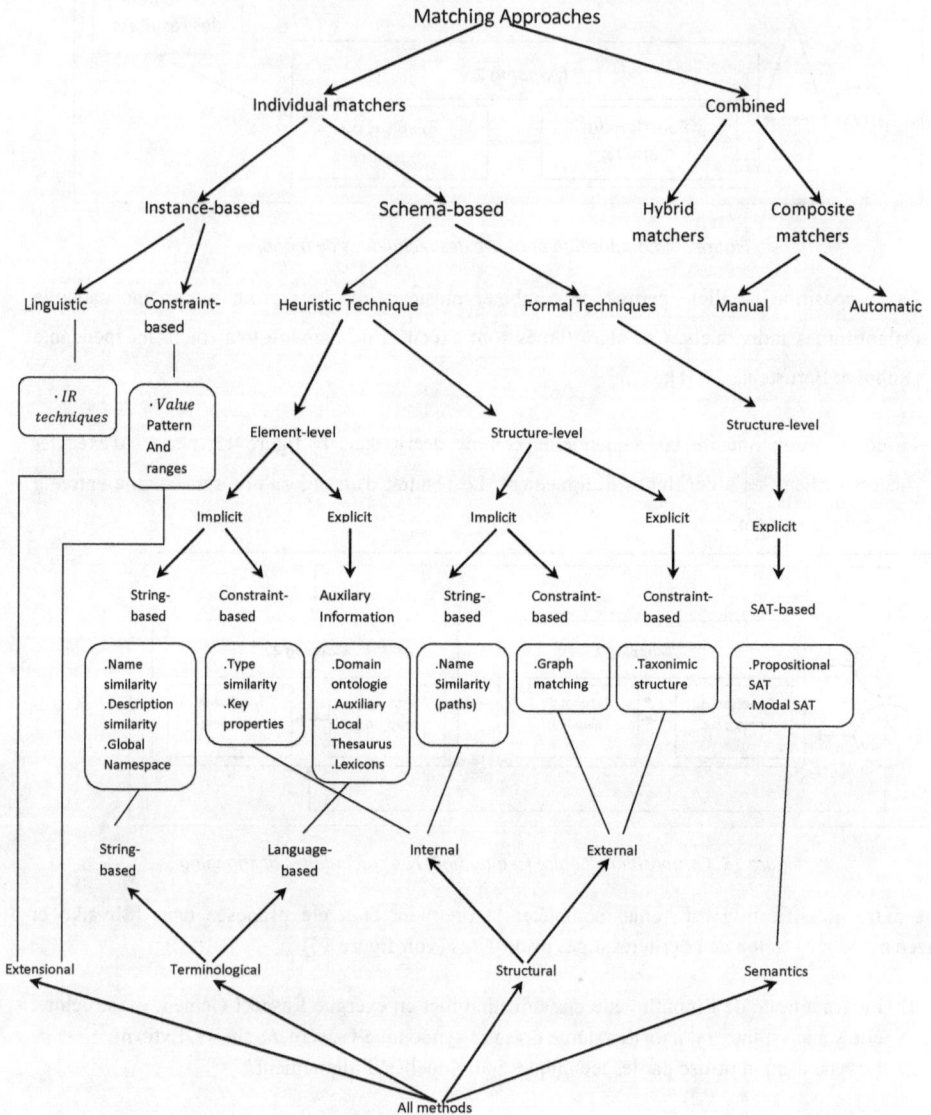

Figure 16. Classification des approches d'alignement selon [Rahm & Bernstein., 2001]

Pour être efficace, cette technique passe d'abord par l'étape de la fragmentation de l'ontologie en sous ensembles, donc l'alignement se fait avec un nombre restreint d'entités et par conséquent avec plus de chances d'être de bonne qualité.

Remarque : les nouvelles catégories de techniques d'alignement par rapport à l'ancienne classification sont en gras.

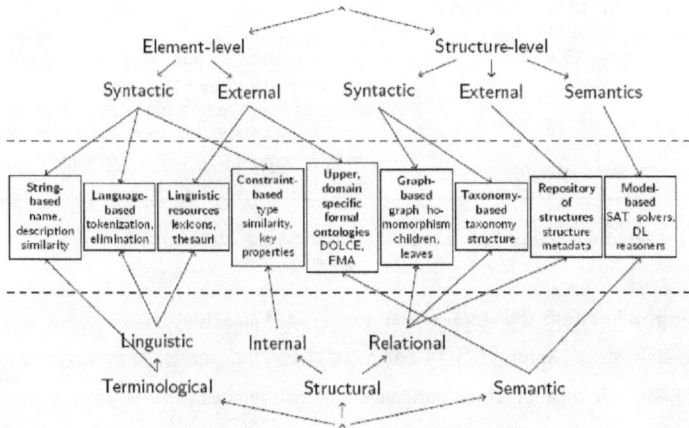

Figure 17. Classification des techniques d'alignement selon [Shvaiko et Euzenat., 2005b]

La figure 17 peut être lue, soit, de haut en bas ou inversement. La première orientation du classement s'intéresse à la manière dont les techniques interprètent les informations en entrée et la seconde s'intéresse aux types d'objets manipulés. D'autres classifications ont été proposées telle que, la classification de [Giunchiglia et shvaiko., 2003] qui distingue entre les approches sémantiques et les approches syntaxiques en se basant sur *les éléments qui doivent être traités* et *le type de liens de similarité utilisés (voir figure 18 et tableau 5)*.

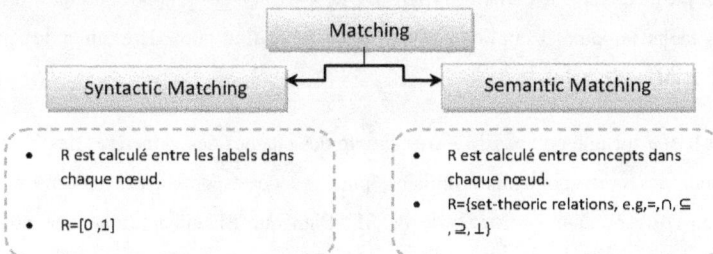

Figure 18. Classification des approches d'alignement selon [Giunchiglia et shvaiko., 2003]

Alignement Syntaxique	Alignement Sémantique
Aligner les labels des nœuds.	Aligner les concepts.
La similarité est calculée en utilisant les techniques et les mesures de similarité syntaxiques.	La similarité est déduite à travers l'utilisation de la satisfiabilité propositionnelle (SAT).
Un alignement est constitué de 4 éléments : < ID, Li1, Lj2, R > où : - ID : identifiant unique de l'alignement. - *Li1* : le label du $i^{ème}$ nœud du premier graphe. - *Lj2* : le label du $j^{ème}$ nœud du second graphe. - R : Relation de similarité (généralement comprise dans l'intervalle [0,1]).	Un alignement est constitué de 4 éléments : < ID, Ci1, Cj2, R > où : - ID : identifiant unique de l'alignement. - *Ci1* : le concept du $i^{ème}$ nœud du premier graphe. - *Cj2* : le concept du $j^{ème}$ nœud du second graphe - R : Relation de similarité dans la forme d'une relation sémantique entre les extensions des concepts par rapport à des nœuds donnés. R peut prendre les valeurs suivantes l'équivalence (=), le chevauchement (∩), l'incompatibilité (⊥), la spécialisation/ généralisation (⊆, ⊇).

Tableau 5. Comparatif des approches syntaxiques versus approches sémantiques

I.5.3.2 Les approches dans d'autres domaines que le Web sémantique

Rahm et Bernstein dans [Rahm et Bernstein., 2001] ont fait une excellente synthèse des travaux relatant le problème de mise en correspondance automatique des schémas dans le domaine de base de données. Cette synthèse a été citée dans beaucoup d'articles de recherche sur la mise en correspondance des schémas ou bien des ontologies, et a aussi inspiré d'autres synthéses telles que [Euzenat et al., 2004], [Euzenat et Shvaiko., 2007].

Nous examinons un peu plus en détail certaines approches.

Similarity Flooding (SF) [Melnik et al., 2001] est un algorithme de mise en correspondance des graphes génériques. Son application à la mise en correspondance de schémas est présentée dans [Melnik et al., 2002]. SF convertit les schémas (SQL DDL, XML) en des graphes étiquetés orientés (directed labeled graphs) et puis il applique le calcul de point-fixe pour déterminer les nœuds similaires dans les graphes.

Cette approche est basée sur une comparaison très simple des chaînes des caractères des noms des nœuds pour calculer des correspondances initiales, puis ces correspondances sont fournies au module de mise en correspondance structurelle de SF. Bien que SF ait appliqué une nouvelle approche orientée structurelle basée sur l'intuition que les éléments de deux schémas distincts sont similaires quand leurs éléments adjacents sont déjà similaires pour propager la similitude de deux éléments à leurs voisins respectifs, il se fonde principalement sur des étiquettes des arcs dans les graphes. S'il n'y a aucune étiquette pour des arcs dans le graphe ou si ces étiquettes sont presque identiques, l'algorithme ne fonctionne pas bien. Sans utilisation d'un dictionnaire terminologique externe (tel que WordNet [Miller, 1995]), l'algorithme ne donne pas de bons résultats de mise en correspondance au niveau linguistique dans la première phase, qui seront fournis à la deuxième phase, influençant ainsi les résultats finaux.

Contrairement à SF, Cupid [Madhavan et al., 2001] a proposé une approche de recherche des correspondances combinant un module sophistiqué de mise en correspondance des noms et un algorithme de mise en correspondance au niveau structurel.

L'algorithme se compose de trois étapes : (i) le niveau linguistique : les valeurs de similarité entre les noms des éléments (les étiquettes) sont calculées en employant des techniques et mesures linguistiques (I.5.1.2) telles que la normalisation des chaînes des caractères (I.5.1.2.1), la catégorisation, les mesures de similarité sur des préfixes, des suffixes, l'emploi le thésaurus des synonymes, des hypernymes ; (ii) le niveau structurel : la similarité structurelle de deux éléments est la similarité de deux arbres dont leurs racines sont les éléments à comparer. Cette dernière similarité est calculée en se basant principalement sur la similarité des feuilles de ces arbres. (iii) la valeur de similarité finale de deux éléments est la somme pondérée de deux valeurs calculées dans deux étapes précédentes. Si cette valeur finale est plus grande qu'un seuil prédéfini, deux éléments sont considérés similaires. Dans son approche, Cupid produit la valeur de similarité de deux éléments en se basant principalement sur la similitude des éléments atomiques dans les graphes (c'est-à-dire des feuilles). Ainsi s'il y a des différences significatives en structure des graphes donnés, Cupid ne peut pas trouver des correspondances correctes. Par exemple, si un concept est situé à la place d'une feuille dans le premier graphe (schéma), mais dans le deuxième, il est à la place d'élément non feuille qui est la racine d'un sous-graphe, Cupid ne détectera pas qu'il s'agit du même concept.

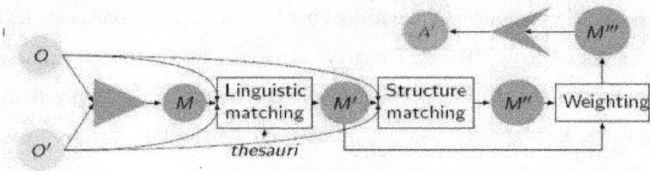

Figure 19. Architecture de Cupid.

I.5.3.3 Les approches dans le domaine du Web sémantique

La littérature recense une grande panoplie de méthodes [Euzenat et Shvaiko., 2007]. Ces dernières sont issues de diverses communautés telles que: la recherche d'information, les bases de données, l'apprentissage, l'ingénierie des connaissances, le traitement automatique du langage, etc.

Dans [Dieng et Hug., 1998], les auteurs considèrent un contexte où les experts peuvent employer leurs propres ontologies, appelées les ontologies personnelles. Une ontologie est alors représentée par un support dans le formalisme des graphes conceptuels : ce support comprend un treillis de types de concepts, une hiérarchie de types de relations et un ensemble de marqueurs permettant de désigner les instances.

L'objectif est de construire un modèle de connaissances commun (ontologie commune) à partir de différents modèles de connaissances des experts (ontologie personnelle). Cela est réalisé, dans un système appelé MULTIKAT, par la comparaison des ontologies personnelles en exploitant des techniques reposant sur des opérations du formalisme de graphe conceptuel ou sur la structure des graphes. La comparaison de deux supports est effectuée en trois étapes : la comparaison et la fusion des treillis de type de concept, la comparaison et la fusion des hiérarchies de type de relation et la comparaison et la fusion de deux ensembles de marqueurs. Les techniques utilisées pour obtenir la similarité entre deux entités sont alors : l'égalité des chaînes de caractères sur des noms de type, des synonymes, la comparaison des sous-types et des super-types directs dans la hiérarchie de types (I.5.1.3.2), la somme pondérée (Définition 15) pour combiner des valeurs de similarité.

Anchor-PROMPT [Noy et Musen., 2001 ; 2000] construit un graphe étiqueté orienté, représentant l'ontologie à partir de la hiérarchie des concepts (appelés classes dans l'algorithme) et de la hiérarchie des relations (appelées slots dans l'algorithme), où les noeuds dans le graphe sont des concepts et les arcs dénotent des relations entre les concepts (les étiquettes des arcs sont les noms des relations). Une liste initiale des paires d'ancres (des paires de concepts similaires) définies par les utilisateurs ou automatiquement identifiées par la mise en correspondance lexicologique sert d'entrée à l'algorithme. Anchor-PROMPT analyse alors les chemins dans les sous-graphes limités par les ancres et il détermine quels concepts apparaissent fréquemment en positions similaires sur les chemins similaires. En s'appuyant sur ces fréquences, l'algorithme décide si ces concepts sont sémantiquement similaires. Cependant, Anchor-PROMPT ne cherche que des correspondances des concepts, pas des correspondances des relations. En outre, il emploie des noms de relation pour des étiquettes sur les arcs et la comparaison des chaînes de caractères de ces étiquettes n'est que la comparaison simple. Ainsi si les noms de relation sont différemment définis, l'algorithme ne fonctionnera pas bien. Les résultats retournés par l'algorithme seront également limités si les structures des ontologies sont différentes (par exemple l'une est profonde avec beaucoup de concepts au milieu, et l'autre est peu profonde). L'algorithme rencontre des problèmes si une hiérarchie a seulement quelques niveaux et si la plupart des relations sont associées aux concepts au-dessus de la hiérarchie.

GLUE [Doan et al., 2002] est la version évoluée de LSD [Doan et al., 2000] dont le but est de trouver semi-automatiquement des correspondances entre des schémas pour l'intégration de données. Comme LSD, GLUE utilise la technique d'apprentissage (telle que Naïve Bayes) pour trouver des correspondances entre deux ontologies. GLUE comprend plusieurs modules d'apprentissage (learners), qui sont entraînés par des instances des ontologies. Ces modules emploient la technique d'apprentissage Bayes naïf [Domingos et Pazzani., 1997] en exploitant différentes caractéristiques des instances telles que les valeurs textuelles des instances, les noms des instances, les formats des valeurs, etc.

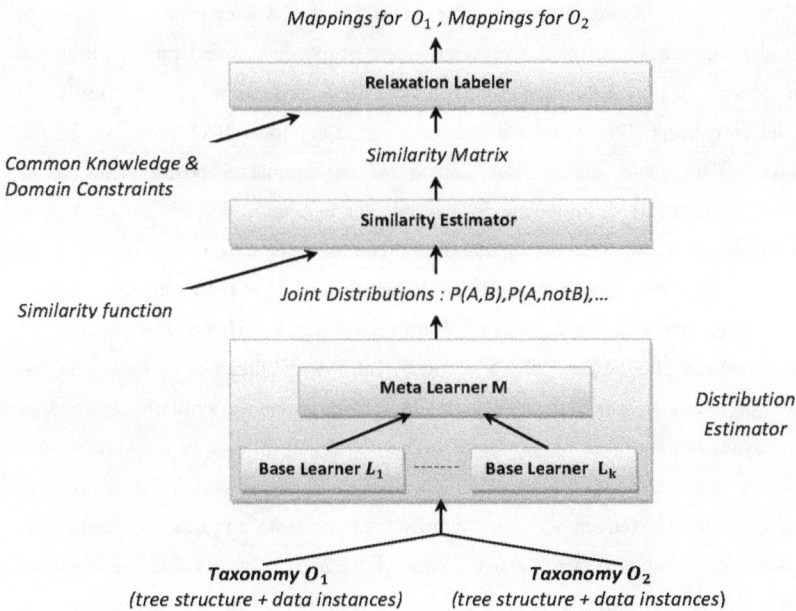

Figure 20. Architecture de GLUE [Doan et al., 2003]

Les prévisions de ces modules de mise en correspondance sont combinées par un méta module de mise en correspondance en employant la somme pondérée (Définition 15). Le résultat final des correspondances sera déduit à partir des valeurs de similarité agrégées en employant la technique d'optimisation de contraintes « relaxation labeling » (la technique permettant de résoudre le problème d'assignement des étiquettes aux nœuds d'un graphe en donnant un ensemble de contraintes). Un inconvénient de cette approche est qu'elle se fonde principalement sur les instances des ontologies, qui ne sont pas toujours abondamment disponibles pour plusieurs ontologies. Un autre inconvénient est que l'ontologie est modélisée comme une taxonomie des concepts et que chaque concept a quelques attributs. Avec cette organisation, GLUE n'emploie pas d'informations contenues dans la taxonomie (hiérarchie) des relations. GLUE fait également l'utilisation modeste des informations sur la taxonomie des concepts.

S-Match [Giunchiglia et al., 2004] est un algorithme et un système pour chercher sémantiquement des correspondances, basé sur l'idée d'employer le moteur de la satisfiabilité propositionnelle (SAT) [Giunchiglia et Shvaiko., 2003] pour le problème de mise en correspondance des schémas. Il prend comme entrée deux graphes des concepts (schémas), et produit en sortie des rapports entre les concepts tels que l'équivalence, overlapping, différence (mismatch), plus général ou plus spécifique. L'idée principale de cette approche est d'utiliser la logique pour coder le concept d'un nœud dans le graphe et d'appliquer SAT pour trouver des rapports. Le concept à un nœud, qui est alors transformé en formule propositionnelle, est la conjonction de tous les concepts des étiquettes des nœuds sur le chemin de la racine du graphe jusqu'au nœud en question. Le concept d'étiquette d'un nœud est construit en deux étapes : (i) la normalisation de l'étiquette : telle que la tokenization, la lemmatisation, et (ii) l'extraction du sens de l'étiquette normalisée (des lemmes) à partir de WordNet [Miller, 1995]. Ensuite, les relations sémantiques (l'équivalence, plus général, plus spécifique) entre deux étiquettes de deux schémas sont (i) calculées grâce aux « matchers », les modules qui calculent la similarité entre deux étiquettes en employant des mesures de similarité de base (I.5.1.2) telles que la similarité des préfixes, des suffixes, la similarité de n-gram (Définition 10) ; ou bien (ii) déduites en employant des matchers qui exploitent la sémantique dans WordNet, la similarité entre des hiérarchies, la similarité entre des commentaires [Giunchiglia et Yatskevich., 2004]. Ces relations sémantiques sont aussi encodées en logique. Enfin, le rapport entre deux concepts qui doivent être prouvés est également converti en formule propositionnelle. Le moteur SAT calcule sur l'ensemble de formules propositionnelles pour vérifier si le rapport supposé est vrai ou faux. Cela permet donc de déduire des correspondances entre deux ontologies.

Do et Rahm ont développé COMA [Do et Rahm., 2007; Do et Rahm., 2002a] comme un système permettant de mettre en correspondance des schémas (des bases des données, de XML et des ontologies) automatiquement ou bien manuellement. Le système fournit une bibliothèque des algorithmes de mise en correspondance de base (appelés matchers) et quelques mécanismes pour combiner des résultats des algorithmes de base afin d'obtenir une valeur de similarité finale de deux éléments dans deux schémas. La bibliothèque des matchers se compose de (i) 6 matchers simples qui emploient des techniques linguistiques (I.5.1.2) telles que la similarité des préfixes, des suffixes, n-gram, la distance d'édition (Définition 6), la similarité phonétique (soundex), la synonymie avec des dictionnaires externes, la similarité des types de données prédéfinies ; (ii) 5 matchers hybrides qui combinent des matchers simples précédents en exploitant quelques informations structurelles telles que des chemins entre des éléments, la similarité de leurs enfants. COMA présente quelques stratégies pour agréger des résultats de similarité pour chaque paire d'éléments, calculés de différents matchers tels que le choix de la valeur maximale, la valeur moyenne, la somme pondérée ou la valeur minimale. La sélection de bonnes correspondances parmi toutes les paires d'éléments repose sur une des stratégies suivantes : la paire ayant la valeur de similarité agrégée maximale, ou les paires ayant les valeurs de similarité agrégées dépassant un seuil. Le système COMA permet aussi d'exécuter plusieurs itérations de calcul et d'utiliser le résultat de l'étape précédente dans le calcul de similarité de l'étape actuelle, ou d'avoir des interactions des utilisateurs dans chaque itération.

Le travail présenté dans [Ehrig et Sure., 2004] est un travail inspiré de COMA [Do et Rahm., 2002a] dans le domaine de base de données. Ehrig et Sure proposent l'approche NOM pour mettre en correspondance des ontologies. La représentation interne des ontologies est en format RDF(S). Cette approche se base sur un ensemble de règles. Les 17 règles listées sont catégorisées en différentes couches, dans lesquelles les règles exploitent des caractéristiques des entités à comparer. Ces couches correspondent aux couches du Web sémantique proposées par Tim Berners-Lee pour l'architecture du Web sémantique [Berners-Lee, 2003], telles que la couche des entités (instances), la couche des réseaux sémantiques, la couche des logiques de description, etc. Les règles sont ensuite transformées en des formules de calcul de la similarité. Des mesures de base employées pour calculer la similarité sont l'égalité des chaînes de caractères, la similarité des chaînes (Définition 6) sur des noms de concepts, de relation, d'instance ; la similarité des ensembles pour des ensembles des entités formés des sous-concepts/relations, des super-concepts/ relations, des concepts/relations voisins, des instances, des instances de propriétés, etc. Les valeurs de similarité calculées sont ensuite agrégées par des méthodes de combinaison telles que la somme pondérée (Définition 15), la fonction de Sigmoïde (une variante de la somme pondérée), des techniques d'apprentissage. Enfin, les meilleures valeurs agrégées de similarité sont choisies par une des méthodes « cut-off » (telles que la méthode du seuil, du delta ou du pourcentage [Do et Rahm., 2002b]) pour déterminer des entités correspondantes.

Marc Ehrig et Steffen Staab présentent l'algorithme QOM (Quick Ontology Mapping) dans [Ehrig et Staab., 2004]. Cet algorithme est un échange entre la qualité d'alignement et la vitesse de trouver des alignements, il s'agit d'une variante optimisée de NOM [Ehrig et Sure., 2004]. Il est employé pour mettre en correspondance des ontologies « light-weight » (plutôt des thesaurus), la structure des répertoires dans des ordinateurs personnels, le WordNet, ou l'UMLS. Ce sont des taxonomies ayant un nombre énorme de concepts (>104 concepts). Ehrig et Staab ont montré que leur QOM met en correspondance ces ontologies dans un délai acceptable sans sacrifier beaucoup la qualité du résultat final. Comme NOM, QOM représente des ontologies en OWL et utilise aussi des mesures de similarité telles que l'égalité des chaînes de caractères, la similarité des chaînes (Définition 6) sur des noms de concept, de relation, d'instance ; la similarité des ensembles, etc.

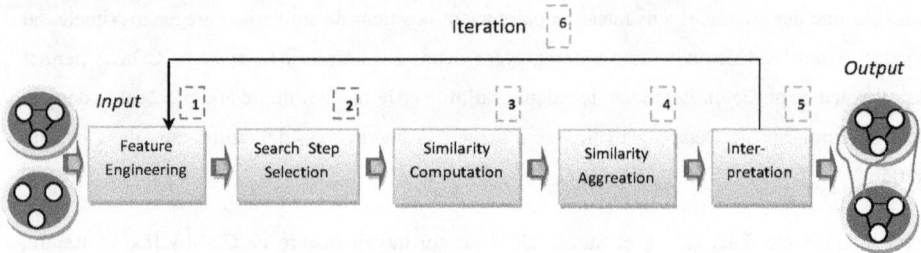

Figure 21. Le processus d'alignement de QOM [Ehrig et Staab., 2004a]

Cependant, QOM présente quelques modifications en comparaison avec NOM pour réduire la complexité de calcul, donc le temps d'exécution, telles que des stratégies de sélection des candidats à comparer (par hasard, des candidats ayant des étiquettes à proximité dans la liste triée, etc.) ; des ensembles à comparer sont aussi limités (par exemple, QOM ne compare que deux ensembles de concepts parentaux directs de deux instances, au lieu de tous les concepts ancestraux comme dans NOM).

OLA [Euzenat et Valtchev., 2004] est un algorithme pour aligner des ontologies représentées en OWL. Il essaie de calculer la similarité de deux entités dans deux ontologies en se basant sur leurs caractéristiques (leurs types : classe, relation ou instance, leurs rapports avec d'autres entités : sous-classe, domaine, co-domaine, etc.) et de combiner les valeurs de similarités calculées pour chaque paire d'entités de manière homogène. La combinaison est la somme pondérée des valeurs de similarité de chaque caractéristique. Les poids sont associés suivant le type d'entité à comparer et ses caractéristiques. Ils sont mis dans une matrice des poids et sont prédéfinis avant l'exécution de l'algorithme. Les mesures de similarité de base employées dans l'algorithme sont l'égalité des chaînes des caractères pour des URIs des entités, des mesures de similarité des suffixes ou des chaînes des caractères (I.5.1.2.1) pour des étiquettes des entités, la similarité (l'égalité) des types de données. Pour la similarité entre deux ensembles, le cas très souvent rencontré dans OWL (par exemple, en comparant deux entités, l'algorithme exploite la similarité de deux ensembles d'entités qui sont sous-entités des entités en question). À partir des valeurs de similarité calculées par des mesures de base, l'algorithme applique un calcul du point fixe, avec des itérations pour améliorer la similarité de deux entités. Quand il n'y a plus d'améliorations, des alignements entre deux ontologies sont générés. Les travaux présentés dans cette section sont résumés dans le Tableau 6.

Approche	Entrée	Représentation interne	Mesures terminologiques	Mesures structurelles	Mesures extensionnel	Mesures sémantiques	Mesures combinées	Observation*
MULTIKAT [Dieng et Hug., 1998]	Ontologies personnelles	Graphe conceptuel	égalité des chaînes de caractères synonymes	Super-types Sous-types	-		Somme pondérée	
Anchor-PROMPT [Noy et Musen., 2001]	Ontologies	RDF(S), graphe RDF	égalité des chaînes de caractères pour les étiquettes des concepts et des relations					Comparaison des chemins (information structurelle) entre des paires d'ancres
Cupid [Madhavan et al., 2001]	Schémas génériques	Graphes	Normalisation, catégorisation pour les noms d'élément de schéma. Similarité des préfixes, des suffixes. Thésaurus des synonymes, des hypernymes	Similarité des arbres, des feuilles			Somme pondérée	La valeur de similarité agrégée dépasse un seuil prédéfini
Similarity Flooding (SF) [Melnik et al., 2001] [Melnik et al., 2002]	Graphes génériques Schémas de SQL, XML	Graphes étiquetés orientés	Similarité des préfixes, des suffixes pour les noms des noeuds					Calcul du point fixe : la similarité se répand sur le graphe (information structurelle)
GLUE [Doan et al., 2002]	Ontologies + instances	Non précisée	Techniques terminologiques : tokenisation, stem. égalité des chaînes de caractères pour des tokens				Méta-learner : somme pondérée	Apprentissage automatique (Bayes naïf) à partir des valeurs textuelles, des noms des instances
COMA [Do et Rahm., 2002a]	Schémas : bases des données relationnelles, XML	Graphes acycliques orientés	Similarité des préfixes, des suffixe, de n-gram, des synonymes, des types de donnée, distance d'édition, soundex,	Similarité agrégée des enfants, des feuilles ou des chemins entre des éléments			La valeur maximale ou minimale, la somme pondérée ou la valeur moyenne	MaxN, MaxDelta, ou dépasse un seuil
S-Match [Giunchiglia et al.,	Schémas des bases des données, de	Graphes	Similarité des préfixes, des suffixe, de n-gram, la distance d'édition pour les	Distance des hiérarchies		Encode le concept d'un noeud en logique		

		étiquettes					
2004 **[Giunchiglia et al., 2006]**	XML, hiérarchies des concepts, ontologies				propositionnelle. Formule un ensemble d'équations logiques. Vérifie par SAT		
NOM **[Ehrig et Sure., 2004]**	Ontologies	égalité des chaînes de caractères pour les URIs des concepts, des relations ou des instances similarité des chaînes pour des étiquettes des concepts, des relations ou des instances	Similarité des ensembles des super-concepts/relations, des sous-concepts/relations, des voisins, des concepts parentaux des instances	Similarité des ensembles pour des instances des concepts, des instances des relations		Somme pondérée Fonction de Sigmoid Technique d'apprentissage (trois niveaux) avec des réseaux neurologiques	
QOM **[Ehrig et Staab., 2004]**	Ontologies « lightweight » : hiérarchie des sujets de l'ACM, structure des répertoire dans des ordinateurs personnels, le WordNet, l'UMLS	Comme NOM	Comme NOM avec des modifications : limitations sur des voisines directes	Comme NOM		Comme NOM	
OLA **[Euzenat et Valtchev., 2004]**	Ontologies en OWL	égalité des chaînes de caractères pour les URIs des entités Similarité des chaînes des caractères pour des étiquettes (non précise) Similarité des types des données	Oui			Somme pondérée	Calcul du pointfixe (information structurelle)

* Technique principale utilisée pour déduire des correspondances

Tableau 6. Résumé des approches d'alignement de schéma et d'ontologie [Bach, 2006]

II. Conception d'un Algorithme d'alignement pour des ontologies en OWL-DL

Dans ce chapitre, nous présentons un algorithme développé par notre équipe, nommé XMap++, pour mettre en correspondance deux ontologies représentées en OWL-DL. L'algorithme exploite des caractéristiques de langage OWL pour déduire la similarité entre deux entités de deux ontologies. La valeur de similarité est calculée en deux parties [Bach, 2006]: la partie linguistique qui se compose du nom, et la partie structurelle qui se base sur des informations sur la présence des propriétés et sur leurs contraintes de cardinalités.

Les valeurs de similarité calculées par des mesures linguistiques ou structurelles sont appelées les valeurs de similarité partielles entre deux entités, et elles sont stockées dans une base des similarités (Vecteurs). Les valeurs de similarité partielles sont calculées par des mesures normalisées, elles sont donc comprises dans l'intervalle de 0 à 1.

Ces valeurs de similarité partielles sont ensuite agrégées par différentes stratégies de combinaison pour atteindre une seule valeur de similarité finale entre deux entités, qui est aussi comprise entre 0 et 1. En examinant cette valeur de similarité finale par rapport à un seuil prédéfini [Bach, 2006], deux entités sont considérées comme similaires (équivalentes) ou différentes. Tout ceci est développé dans les sections suivantes.

II.1 Notion du contexte

Selon le point de vue de plusieurs experts dans le domaine, la présence des homonymes dans les ontologies représente la situation la plus délicate à traiter dans le cadre de l'alignement des ontologies [Shvaiko et Euzenat., 2013]. Il en est de même pour l'hétérogénéité pragmatique qui concerne les différentes interprétations des ontologies selon des contextes différents [Euzenat et al., 2011].

Il est d'usage que les homonymes ou les conflits résultent du fait que plusieurs utilisateurs donnent différentes définitions aux mêmes concepts suivant leurs besoins ou le contexte dans lequel ils évoluent. Même avec l'utilisation des thesaurus lexicaux tel que WordNet, où les noms font partie d'un ou de plusieurs ensembles des synonymes, appelés synsets, le problème persiste encore. Un problème connu de WordNet est qu'il est trop fin dans ses définitions des sens (de nombreuses classes dans WordNet sont très génériques). Par exemple, il ne fait pas de distinction entre les homographes (mots qui ont la même orthographe et de significations différentes) et polysémies (mots qui ont des significations connexes).

Les synsets constituent des catégories très larges, et on peut arriver à une situation ou deux mots sont présents dans plusieurs synsets, même si dans un contexte donné, ils ne partagent pas le même sens. Il devient donc nécessaire d'introduire la notion de contexte dans les ontologies afin de remédier à ce problème.

Nous avons donc passé en revue la littérature traitant du contexte en informatique, les diverses définitions, modélisation et utilisation, afin de découvrir les principes inhérents au contexte. Nous avons ensuite développé une méthodologie pour reconnaître ce qui est contextuel dans une certaine situation, comment le modéliser en vue de l'utiliser.

La notion de contexte a été appliquée dans divers domaines en informatique, tels que l'intelligence artificielle (AI), le développement de logiciels, les bases de données, l'intégration de données, l'apprentissage automatique, la représentation de connaissance et la recherche d'informations (RI) dont le but était de rendre les systèmes informatiques plus "intelligents", en leur permettant d'appréhender leur environnement d'utilisation (informatique, physique, social, etc.).

Plus généralement, le contexte est défini dans la littérature comme un ensemble d'informations qui portent sur de nombreux éléments ayant potentiellement un intérêt du point de vue de la conception de nouveaux services et bien souvent de l'interaction Homme-Machine. Il s'agit de concevoir des systèmes capables de recueillir et de traiter des informations sur le contexte pour les rendre plus "intelligents". Strang [Strang et al., 2003] définit le contexte comme toute information qui peut être utilisée pour caractériser l'état d'une entité (une personne, un lieu ou un objet) selon un aspect spécifique. Un aspect est défini comme l'ensemble des états atteignables groupés dans une ou plusieurs dimensions. Un contexte est l'ensemble des informations de contexte pour une tâche précise selon un aspect spécifique. La majorité des infrastructures de gestion d'informations de contexte reposent sur la définition de Dey : « *le contexte est l'ensemble des informations caractérisant (partiellement) la situation d'une entité particulière* » [Farquhar et al., 2000]. Le contexte selon Brezillon [Brezillon et Pomerol., 2001] est perçu comme « *l'ensemble des conditions et influences environnantes qui font de la situation, une situation unique et permettent de la comprendre* ».

Pour Dey et al [Dey et al., 2001] la définition usuelle du terme contexte englobe « *tout élément interne ou externe, relatif à l'application ou à l'utilisateur, ou même complètement extérieur, qui pourrait modifier le déroulement d'une interaction* ». Selon Giunchiglia [Giunchiglia, 1993] « *un contexte est une représentation partielle du monde* ». Magnini et al [Magnini et al., 2002] définissent le contexte comme « *la structure de données principales utilisées pour représenter la connaissance locale* ». De notre point de vue, le contexte doit contenir les connaissances qui permettent d'exprimer les circonstances d'un concept, son rôle dans l'ontologie et ses cas d'utilisation. Il ne s'agit pas des caractéristiques inhérentes au concept, mais une définition liée à la situation où il est utile pour décrire les différents aspects sémantiques. Le contexte est simplement un ensemble de caractéristiques particulières de la situation où il se trouve et où il est relié avec d'autres concepts. Et n'est plus considéré pour ce qu'il est lui-même. En général, l'utilisation de la notion de contexte offre la possibilité de personnaliser et d'adapter les applications à des environnements différents [Mrissa, 2007]. Le dictionnaire Collins définit le contexte comme « *les conditions et circonstances significatives pour un événement, un fait, etc.* ». C'est donc l'ensemble des informations qui donnent à une situation sa particularité. Le mot lui-même fait réellement partie de notre langage courant, et la prise en compte du concept qu'il représente est l'objet d'études dans différents domaines et selon divers points de vue.

Alors que les travaux de McCarthy et Guha consistent à considérer les contextes comme des théories indépendantes portant chacune sur un champ particulier de la connaissance, Fausto Giunchiglia considère plutôt les contextes comme des points de vue concurrents sur une même information. Il explicite les relations entre contextes sous la forme de transformations « mapping » qui permettent d'importer dans un contexte l'information qui se trouve dans un autre.

Nous nous intéressons à l'alignement d'ontologies pour l'interopérabilité sémantique. D'après [Giunchiglia et al., 2006], l'interopérabilité sémantique est hautement dépendante du contexte et de la tâche. Il est certain que toutes les données n'ont pas la même utilité pour chaque tâche, et que toute donnée n'est pas appropriée dans tout contexte. Pour réaliser l'interopérabilité sémantique, il est donc nécessaire de prendre en considération le contexte et la tâche, lorsque les mappings sont établis, évalués, ou utilisés.

II.1.1 Le contexte dans XMap++

Dans XMap++, la mise en correspondance des concepts est basée sur la comparaison de leur description et de leur contexte. Le contexte d'un concept (voir figure 22) est défini comme l'ensemble de ses propriétés et de ses concepts adjacents (les concepts liés par une relation sémantique).

Dans XMap++, l'évaluation de la similarité sémantique entre concepts est basée sur l'évaluation de mesure linguistique et contextuelle. La mesure linguistique entre concepts consiste à mesurer la similarité linguistique des éléments intervenant dans leur description. Un thesaurus (WordNet) est utilisé pour connaître les relations linguistiques existant entre les différents éléments (relations de synonymie par exemple). La mesure contextuelle évalue les contextes. Elle prend en compte tout le contexte des concepts, c'est-à-dire les noms des concepts, les propriétés, les concepts adjacents et les relations sémantiques avec ces concepts.

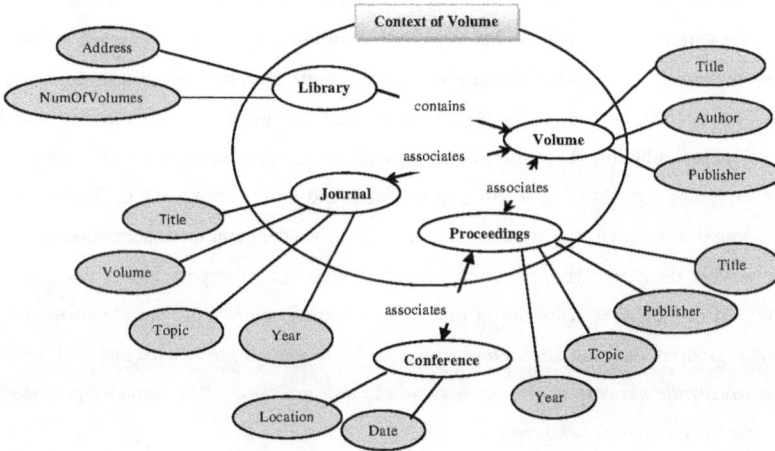

Figure 22. Exemple de contexte pour le concept Volume

L'algorithme d'alignement mis en œuvre dans XMap++ est paramétrable. Il permet de donner un poids plus ou moins fort aux aspects linguistiques et contextuels et aussi de limiter ou ignorer la notion de contexte associé aux concepts. Le modèle appliqué, est alors, choisi en fonction de la richesse des descriptions des concepts comparés et de leurs relations avec les autres concepts de l'ontologie.

La recherche des correspondances peut être basée sur le contexte. Ce concept peut être alors divisé en deux parties ; la première consistant à enrichir les concepts des ontologies par le contexte, alors que la deuxième permet de rechercher les concepts les plus proches contextuellement. La recherche de correspondances basées sur le contexte permet de pallier les problèmes d'hétérogénéités sémantiques à savoir les diversités dans l'interprétation des entités d'ontologies selon le contexte.

Nous allons montrer comment extraire les correspondances par l'exploitation du contexte, ensuite, par la combinaison de plusieurs méthodes de calcul de similarité, montrer comment obtenir le rapprochement sémantique entre les concepts de manière plus efficace.

II.1.2 WordNet

WordNet est le lexique exploité pour l'implémentation de l'approche décrite dans la section précédant, toutefois d'autres thésaurus peuvent êtres utilisés même si WordNet [Fellbaum, 1998] est actuellement la ressource sémantique la plus populaire. WordNet une base de données lexicale de langue anglaise prenant la forme d'un réseau sémantique simple sa connaissance est alors facile à appliquer dans les applications linguistiques. En outre, WordNet est disponible gratuitement à la communauté et facile à obtenir, il regroupe des termes (noms, verbes, adjectifs et adverbes) en ensemble de synonymes appelés *synsets* (un exemple de nœud ou synset dans WordNet est donné dans la figure 23 en dessous). Un *synset* regroupe tous les termes dénotant un concept donné. *Synset* contient un ensemble de mots synonymes et leur brève description appelé *gloss*. Par exemple, «internet», «net» et du «cyberespace» ont la même signification selon WordNet, de sorte que ces trois mots sont regroupés dans un seul *synset* qui s'explique par un *gloss* « *a computer network consisting of a worldwide network of computer networks that use the TCP/IP network protocols to facilitate data transmission and exchange* ».

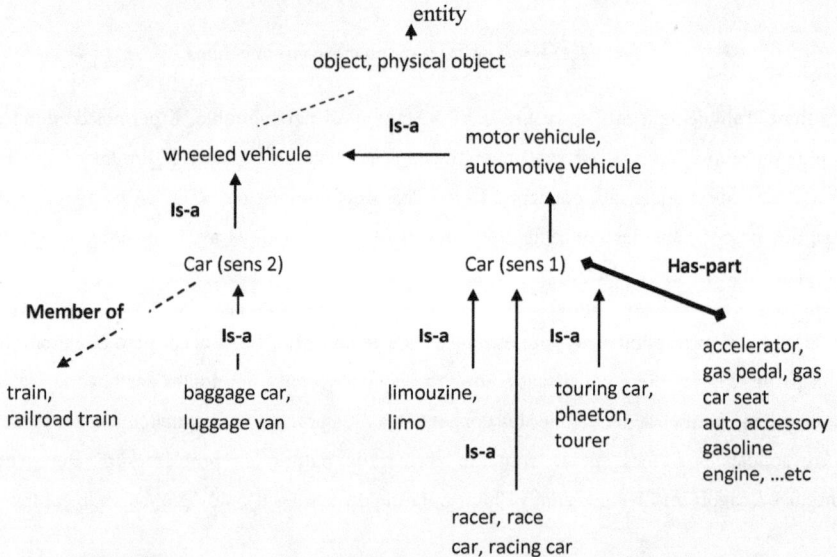

Figure 23. Exemple de sous hiérarchie dans WordNet correspondant au concept « car »

Les *synsets* sont liés par des relations telles que : spécifique-générique ou hyponyme-hyperonyme (is-a), et la relation de composition meronymie-holonymie (partie-tout) comme représentées dans le schéma de la figure 24. Ceci crée un réseau de concepts qui est l'avantage principal de WordNet. WordNet contient des noms (117,097 dans la version 2.1), verbes (11,488), adjectifs (22,141) et adverbes (4,601).

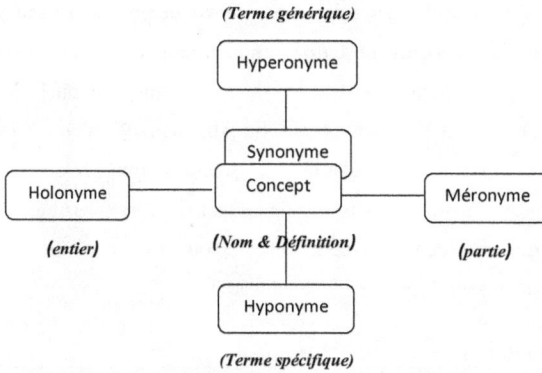

Figure 24. Principales relations sémantiques dans WordNet

Elles peuvent être définies comme suit :

- Synonymie : les synonymes étant associés à la classe Concept.
- Relation Hyperonymie : c'est le terme générique utilisé pour désigner une classe englobant des instances de classes plus spécifiques. Y est un hyperonyme de X si X est un type de (kind-of) Y.
- Relation Hyponymie : c'est le terme spécifique utilisé pour désigner un membre d'une classe (relation inverse de Hyperonymie). X est un hyponyme de Y si X est un type de (kind-of) Y.
- Relation Holonymie : le nom de la classe globale dont les noms méronymes font partie. Y est un holonyme de X si X est une partie de (is-a-part of) Y.
- Relation Méronymie : le nom d'une partie constituante (part-of), substance de (substance-of) ou membre (member-of) d'une autre classe (relation inverse de l'holonymie). X est un méronyme de Y si X est une partie de Y. Exemple : {voiture} a pour méronymes {{porte}, {moteur}}.

En plus de ces relations, on peut citer quelques autres relations qui sont cependant moins utilisées en pratique. C'est le cas notamment de la relation *domain* (rajoutée récemment pour la version WordNet 2.0), de la relation *antonymy* pour exprimer les sens opposés pour les synsets, de la relation *entailment* pour les verbes : Un verbe X entails (nécessite) Y si X ne peut être fait à moins que Y ne le soit ou n'ait été déjà fait. Ou encore de la relation *troponymy* pour les verbes: X est un troponyme de Y si to X est pareil que to Y d'une certaine façon.

Il existe deux manières d'utiliser WordNet dans un contexte de matching : soit en déterminant une relation sémantique entre les éléments, ou en déterminant une valeur de similarité numérique. La première stratégie consiste par exemple à étendre systématiquement le label d'un concept avec les synonymes appartenant au synset de chaque terme du label dans WordNet. La deuxième stratégie quand a elle, consiste à déterminer les relations de généralisation/spécialisation pour considérer WordNet comme une hiérarchie de concepts au sein de laquelle il est possible d'utiliser une mesure pour calculer la similarité entre deux concepts de ses nœuds. Les relations qui seront considérées par l'utilisation de WordNet sont décrites dans le tableau 7.

Relation	Description	Exemple
Synonyme	Similar to	Mauvais est synonyme de désagréable
Hyperonyme	Is a generalization of	Payment_Mode est un hyperonyme de CASH
Hyponyme	Is a kind of	Identifier est hyponyme de ListofIdentifier

Tableau 7. Relations considérées dans WordNet

"The need to determine the degree of semantic relatedness between lexically expressed concepts is a problem that pervades much of the computational linguistics" [Budanitsky et Hirst., 2001].

Des recherches récentes sur le sujet en linguistique informatique ont insisté sur la perspective de parenté sémantique des deux mots d'une ressource lexicale. Une façon naturelle pour calculer le degré de parenté sémantique des mots donnés est d'évaluer la distance des nœuds correspondant à des mots comparés au plus court chemin d'un nœud à un autre. Ainsi, la longueur du plus court chemin dans un réseau sémantique est nommée distance sémantique.

La première étape de définition d'une méthode de mesure de la similarité sémantique entre deux documents de texte en utilisant le lexique WordNet est de définir la façon dont la distance entre deux synsets de WordNet peut être mesurée. Trois mesures de similarité sont basées sur des longueurs d'arc entre une paire de concepts: *lch* [Leacock et Chodorow., 1998], *wup* [Wu et Palmer., 1994], et le *path*. La mesure *lch* cherche le plus court chemin entre deux concepts, et applique la longueur maximale du chemin dans une hiérarchie de spécialisation (is-a) dans laquelle ils se trouvent. Tandis que la mesure *wup* cherche la profondeur minimale du concept commun (lcs : the least common subsume) des concepts, puis applique la somme des profondeurs des concepts individuels. La profondeur d'un concept est tout simplement sa distance au nœud racine. La mesure *path* est une ligne de base qui est égale à l'inverse du chemin le plus court entre deux concepts. Nous avons adopté *Leacock & Chodorow (lch)* et *Wu et Palmer (wup)* comme des mesures de distance conceptuelles.

Leacock & Chodorow (lch) proposent une mesure basée sur le chemin. Elle dépend de la longueur du plus court chemin entre concepts dans une hiérarchie de spécialisation (is-a). Le plus court chemin est celui qui comprend le plus petit nombre de nœuds intermédiaires. Cette valeur est inversement proportionnelle à la profondeur maximale de l'arbre notée D qui représente la taille du plus long chemin de la feuille au nœud racine dans la hiérarchie. Cette mesure est définie comme suit :

$$lch(c_1, c_2) = -log \frac{length\ (c_1, c_2)}{2D}, \tag{14}$$

Où $length\ (c_1, c_2)$ est le nombre de nœuds le long du chemin (path) le plus court entre deux noeuds et D la profondeur maximale dans la taxonomie (égale à 16 dans WordNet 2.1).

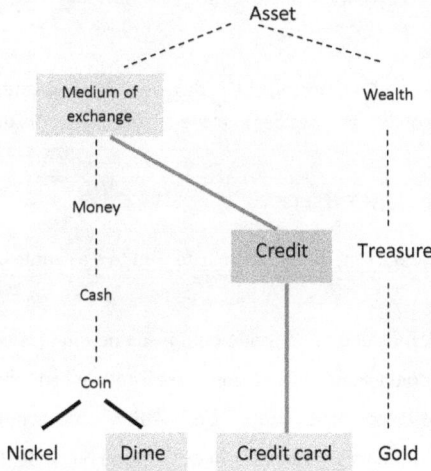

Figure 25. Extrait de la taxonomie de WordNet. Les lignes représentent le lien IS-A ; les lignes discontinues indiquent que des nœuds intermédiaires ont été omis. Exemple de [Resnik, 1999].

Exemple 1 : selon la figure 25, le plus court chemin entre « Credit Card » et « Medium of Exchange » est celui qui passe par le nœud « Credit ». La mesure est alors calculée comme suit : $Sim\_lch(credit\ card, medium\ of\ exchange) = -log(1/(2*16))$.

Wu et Palmer ont proposé une mesure prenant en compte la position des concepts, c'est-à-dire la profondeur à laquelle ils se trouvent dans l'ontologie [Wu et Palmer, 1994] :

$$wup(c_1, c_2) = \frac{dept\,h(c)}{dept\,h\,(c_1) + dept\,h\,(c_2)}.$$ (15)

Dans cette mesure, c désigne le plus petit ancêtre commun à c_1 et c_2 dans l'ontologie, et $depth(c)$ est une fonction donnant la profondeur du concept c dans la hiérarchie (la profondeur du concept racine vaut 0). La mesure de Wu et Palmer ne prend pas en compte la profondeur de l'ontologie. Pour- tant celle-ci peut avoir une importance. La profondeur d'une ontologie O est définie par : $depth(O) = max_{c \in O}\,depth(c)$.

II.1.3 Contexte (Scope) d'un concept dans l'ontologie

L'étude du contexte est donc fondamentale pour la mise en place d'une distance sémantique qui puisse s'adapter à la situation dans laquelle chaque concept se trouve. Afin de résoudre l'ambiguïté lexicale, cette approche introduit la notion de « scope » d'un concept qui représente le contexte où le concept est placé.

Définition 17. Soit O une ontologie et $c \in O$. Le scope de c, de rayon r, noté $scope(c, r)$, est un ensemble de toutes les entités sortant de c incluses dans un chemin de longueur r, de centre c. Plus formellement:

$$scope(c, r) = \{c' \mid c' \in O, dist(c, c') < r\}$$ (16)

où $dist(c, c')$ est le nombre d'arêtes qui sont dans le chemin de l'entité c à l'entité c'. Notons que $dist(c, c') = 0$, si $c = c'$.

Selon la figure 26, le contexte définit une zone ronde composée de tous les concepts qui sont liés directement ou indirectement au nœud central. Cette zone représente le contexte. L'augmentation du rayon signifie l'élargissement de la portée du scope (c'est-à-dire, cette zone) et, par conséquent, l'ensemble des concepts voisins qui interviennent dans la description du contexte.

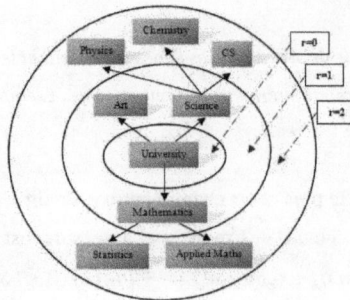

Figure 26. Le scope du concept « University » avec des rayons r différents [Djeddi et Khadir., 2013]

Définition 18. Soit α et β deux entités, respectivement, de l'ontologie O et O'. Soit $Nom_\alpha = label(\alpha)$ and $Nom_\beta = label(\beta)$ respectivement les étiquettes linguistiques associées au concepts α et β. Soit $lex\ (Nom_\alpha, Nom_\beta) \in [0,1]$ une similarité lexicale associée aux deux noms de la paire d'entités α et β, avec $\alpha \in O$, $\beta \in O'$. L'ensemble L est composé de toutes les paires, défini comme suit:

$$L = \{(\alpha', \beta') | \forall\ \alpha \in scope(\alpha', r), \forall \beta \in scope(\beta', r)\ et\ \exists lex(a,b) \neq 0\} \tag{17}$$

Supposons que les arcs dans l'ontologie représentent des distances uniformes (par exemple, toutes les arêtes sémantiques ont le même poids).

Définition 19. Soit c_1 et c_2 deux éléments d'ontologie dans l'ontologie O. La distance entre deux noeuds $\delta(c_1, c_2)$ est représentée par le nombre minimum d'arêtes qui les relient.

Définition 20. Compte tenu d'une ontologie O formée par un ensemble de nœuds et un nœud racine R. Soit c_1 et c_2 deux concepts de l'ontologie dont nous allons calculer la similarité. Alors, g est l'ancêtre commun de c et c'. La similarité de Wu-Palmer est définie par l'expression suivante [Wu et Palmer, 1994]:

$$sim(c_1, c_2) = \frac{2 \times \delta(g,R)}{\delta(c_1,R) + \delta(c_2,R)} \tag{18}$$

Discrimination du sens d'une entité

Grâce aux définitions 17-20, il est possible de discriminer la signification d'un nom associé à un concept d'ontologie. Pour chaque mot fourni à WordNet, ce dernier fournit une liste de tous les synsets, liés à ce mot. Juste pour donner un exemple, en soumettant le mot «university» à WordNet, le résultat est représenté dans le tableau 8.

Notons tous les sens sont classés par rapport à la fréquence du terme.

Freq	Synset	Gloss
20	university	the body of faculty and students at a university
15	university	establishment where a seat of higher learning is housed, including administrative and living quarters as well as facilities for research and teaching
3	university	a large and diverse institution of higher learning created to educate for life and for a profession and to grant degrees

Tableau 8. Les trois sens du nom « University » dans le thesaurus WordNet

Le pseudo-code suivant détaille l'Algorithme$_1$ pour discriminer le sens réel d'un mot associé à un concept donné.

L'*Algorithme*$_1$ prend en entrée une ontologie O, le concept de référence α dans cette ontologie et un mot w. Le mot w représente le nom associé au concept α (i.g. $w = label\ (\alpha)$). Deuxièmement, le pseudo-code de l' *Algorithme*$_2$ prend en entrée la sortie donné par l' *Algorithme*$_1$ (Le deux synsets sélectionnés du concept $c \in O$ et $c' \in O'$), et calcule les similarités entre les deux synsets en utilisant la mesure proposée par Wu et Palmer [Wu et Palmer, 1994]. L' $Algorithme_1$ répond à la question comme suit: « Je voudrais savoir le sens réel du mot w, placé dans le contexte (ou le scope) de concept α ».

$Algorithme_1$: Discriminer le contexte d'une entité appartenant à son ontologie

Données: Ontologie O, entité $\alpha \in O$, rayon r et le mot w
Sortie : le synset important de w qui exprime la signification exacte

```
Début
1 :  Construire un tableau T[|synset (w)|];
2:       Pour chaque t1 ∈ synset(w) faire
3:           Initialiser V[w, similarity(t1)] = 0;
4:
5:              Pour i ← 1 jusqu'au r faire
6:                  M ← ∅; M2 ← ∅;
7:
8:                      Pour chaque c ∈ scope(α, i) - scope (α, i − 1) faire
9:                          S ← ∅; // ensemble de valeurs de similarité
10:
11:                            Pour chaque  t2 ∈ synset(label(c)) faire
12:                                sim ← similarity_lch(t1, t2);
13:                                S ← S ∪ (sim);
14:                            Fin
15:
16:                        max ← maximum dans S;
17:                        max ← max / |scope(α, i)|;
18:                        M ← M ∪ (max);
19:                      Fin
20:
21:                  M2 ← maximum dans M;
22:
23:                  V[w, similarity(t1)] ← M2;
24:              Fin
25:
26:      Fin
27:
28: résultat ← synset ∈ w,  qui possède la similarité la plus élevée dans V [ ];
29: retourner résultat ;
Fin Algorithme₁
```

Première étape (ligne 1) est utilisée pour déclarer une structure de vecteur dont la taille correspond au nombre de synsets (ou sens) associé au mot w. Le but est de maintenir dans chaque cellule du vecteur, une valeur de pertinence qui représente à quel point le mot w est sémantiquement lié à ce sens (ou qui appartient à un synset). L' $Algorithme_1$ Sélectionne tous les concepts dans le champ d'application de α (appartenant à l'ontologie de référence O) en faisant varier le rayon r (4-8 lignes), afin d'obtenir un ensemble différent de mots. Ensuite, la similarité *lch* calcule la similarité entre deux termes provenant du nom du concept de α située dans la zone du scope ($1 \leq rayon \geq r$) et le mot w (ligne 12).

Afin de donner une idée sur la façon dont fonctionne l'algorithme, examinons la figure 26. Pour plus de simplicité, nous supposons que $w = label(\alpha) = "University"$. L'algorithme évalue la similarité entre tous les termes qui viennent à la fois des synsets du mot « University » et la portée du scope du concept de « University » dans l'ontologie. En particulier, la figure 26 montre les zones en forme de cycles ronds en couleurs différentes, en faisant varier le rayon.

Pour chaque concept c dans les zones en forme de cercles (calculée comme la différence entre des zones successives de deux rayons, voire la ligne 8), les valeurs de similarité maximales entre le synset associé au concept c_i (se trouvant dans le scope de α ($c_i \in O | 1 \leq i \geq r$)) et le synset du concept α sont stockées dans la variable M (ligne 18).

Après l'exécution des trois boucles (lignes 6-19) le vecteur V [w, similarity (t1)] contient la valeur de similarité maximale calculée pour chaque couple de synsets provenant de la comparaison du synset fixe $t1 \in synset(w)$ et tous les synsets qui se trouvent dans le rayon de concept α (ligne 22). Cette opération est répétée pour chaque synset $t1$ du mot w.

À la fin, il existe une valeur (ligne 23) dans chaque cellule du vecteur V associé à chaque terme de l'ensemble du synset de w, qui l'utilise l'algorithme afin de juger l'importance du synset en analysant les valeurs de similarités les plus élevées reflétons le sens réel du concept α.

$Algorithme_2$: Discriminer le contexte de deux concepts $\alpha \in O$ et $\beta \in O'$

Données:
 Ontologie O, concept $\alpha \in O$
 Ontologie O', concept $\beta \in O'$
Sortie: la valeur de similarités du synset $t1$ comparait à $t2$
Début
1 : $t1 \in synset(\alpha)$; // le synset important du concept α découvert par $Algorithme_1$
2 : $t2 \in synset(\beta)$; // le synset important du concept β découvert par $Algorithme_1$
4 : $sim = similarité\_wup(t1, t2)$;
5 : **retourner** sim;
Fin Algorithme$_2$

L'$Algorithme_2$ prend en entrée les deux synsets $t1 \in synset(\alpha)$ et $t2 \in synset(\beta)$ (lignes 1-2) découvert par $Algorithme_1$, et calcule la similarité entre eux (ligne 4) à l'aide de la mesure proposée par Wu et Palmer [Wu et Palmer., 1994]. La valeur de similarité sémantique finale (ligne 5) est ajoutée au matcher linguistique ou matcher structurel dans le but d'améliorer l'ambiguïté sémantique pendant le processus de comparaison des noms des entités.

XMap + + utilisant les synsets du WordNet

Les deux algorithmes décrits dans la section précédente ont été exploités pour évaluer l'alignement entre les entités de deux ontologies. Plus formellement, soit deux ontologies O et O' et deux concepts c et c', appartenant respectivement à ces deux ontologies, il y a un alignement entre c et c' si' il existe une similarité entre les deux, qui est calculée comme suit:

1. $Algorithme_1$ est invoqué deux fois : en prenant, à son tour, le concept c en entrée et l'ontologie O puis en prenant le concept c' et l'ontologie O'. Deux indices i pour le synset de c et i' pour le synset de c' sont les résultats de ces deux exécutions indépendantes. L'$Algorithme_1$ identifie les deux synsets importants qui reflètent le sens réel de ces deux concepts comparés.
2. Une fois que XMap++ a découvert les deux synsets des concepts impliqués, l'$Algorithme_2$ calcule l'affinité entre les concepts à l'aide de la similitude Wu-Palmer entre c et c'.

Afin d'obtenir toutes les correspondances sémantiques entre les concepts des deux ontologies, cette procédure peut être appliquée pour chaque couple de concepts issus de deux ontologies. Le résultat final est un alignement d'ontologies ; une valeur de similarité est attribuée à chaque correspondance trouvée entre les concepts de deux ontologies.

Nous avons commencé à explorer le contexte de l'ontologie, qui nous donne des informations permettant de juger la pertinence de l'information dispensée pour une recherche donnée d'un utilisateur particulier. L'originalité de notre approche est de prendre en compte à la fois le contexte des entités à comparé lors de la phase de processus d'alignement. On soulignera également la possibilité donnée à l'utilisateur de paramétrer lui-même la profondeur (depth) de recherche dans les ontologies à aligner en choisissant la valeur du radius ou scope.

II.2 Les réseaux de neurones artificiels

Les réseaux de neurones artificiels ont fait l'objet d'un intérêt soutenu et de nombreux travaux depuis plus d'une vingtaine d'années à cause de leur capacité à résoudre des problèmes non linéaires par apprentissage. Parmi les nombreuses architectures neuronales qui ont été proposées, le perceptron multicouche qui est le modèle neuronal le plus populaire, en particulier pour la modélisation et l'identification des systèmes [Chen et Billings., 1992 ; Sjöberg et al., 1995] et le contrôle.

Si on se place dans le cadre de notre problème d'alignement des ontologies, notre réseau de neurones propose une stratégie de combinaison en donnant un poids à chaque matcher en fonction de son importance, comme il sert à diminuer l'espace de recherche des concepts candidats en combinant de manière intelligente les similarités partielles, afin d'avoir une similarité globale entre les différentes entités ontologiques. L'utilisation d'un RNA nous permet de calculer la meilleure correspondance entre des couples d'entités, en maximisant la découverte du nombre de couples similaires et réduire le nombre de ceux qui sont dissimilaires. L'alignement final sera obtenu après un filtrage à base d'un seuil (Threshold).

Nous avons appliqué le paradigme RNA dans notre approche en tenant compte de certains avantages intéressants de réseau de neurones citons à titre d'exemple :

Temps de réponse

C'est l'un des avantages principaux du réseau de neurones : en effet une fois que le réseau a effectué son apprentissage, il peut donner quasi-instantanément une réponse quand sollicité avec de nouvelles entrées.

Large panel de fonctions

Un réseau de neurones est capable, s'il est doté d'une bonne structure, d'apprendre un très large panel de fonctions, ce qui présente un intérêt dans les domaines où les fonctions cibles sont un peu compliquées. De plus le réseau de neurones ayant une bonne capacité de généralisation, peut être utilisé pour résoudre des problèmes réels.

Apprentissage résistant à l'erreur

Le réseau de neurones a une résistance naturelle aux données bruitées lors de l'apprentissage. En effet, si la base d'exemples est assez grande, une erreur ne faussera pas beaucoup la mise à jour des poids.

II.2.1 Matrice de similarité

La matrice de similarité est une table à m lignes et n colonnes, m étant le nombre de paires d'entités indiquées et n est le nombre de mesures de similarité appliquées. Après avoir fourni la matrice de similarité et les valeurs cibles, le problème se réduirait à une tâche d'apprentissage supervisé qui comprend la phase d'apprentissage et les phases des tests et de validation.

Définition 21. Soit α et β entités respectivement de l'ontologie O_1 et O_2. Soit s_1, s_2 et s_3 respectivement les mesures terminologiques, structurelles et linguistiques. Soit w_1, w_2 et w_3 respectivement les poids de ces trois mesures. Après que s_1, s_2 et s_3 sont calculées entre les deux entités α et β, , la valeur de similarité s est obtenue comme la somme pondérée des s_1, s_2 et s_3:

$$s = \sum_{i=1}^{3}(w_i s_i) , \qquad (19)$$

où $\sum_{i=1}^{3} w_i = 1$. Notez que les poids w_i sont initialisés aléatoirement et seront ajustés à travers un processus d'apprentissage (voir section II.2.3.3 ci-dessous).

Lors de la phase d'alignement, nous calculons les valeurs de similarité pour toutes les entités paires appartenant aux deux ontologies O_1 et O_2. Puis on construit une matrice M de dimension $n_1 \times n_2$ pour enregistrer toutes les valeurs calculées, où n_i est le nombre d'entités dans O_i.

II.2.2 Mise en œuvre du Perceptron Multicouche

Les réseaux de neurones artificiels s'inspirent des travaux en physiologie, en particulier des principes de fonctionnement des neurones du cerveau [Hebb, 1949]. Notre réseau de neurones artificiels est un système de calcul dont le traitement est inspiré de celui effectué par les neurones biologiques et il est formé d'un ensemble de neurones. Chaque neurone est relié avec d'autres neurones par des connexions pondérées. Il reçoit en entrée des valeurs d'autres neurones et produit en sortie une valeur calculée à l'aide d'une fonction de transfert. Le poids associé à un lien entre deux neurones représente la force de celui-ci. Il est organisé en trois couches : une couche d'entrée qui reçoit les données, une couche de sortie qui fournit un résultat et une couche intermédiaire (ou cachée) de calcul (voir figure 27) formant un Perceptron Multi-Couches (PMC).

$$s = w_1 * s_1 + w_2 * s_2 + w_3 * s_3$$

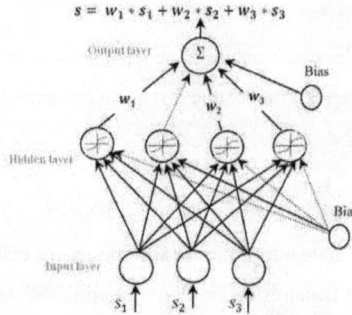

Figure 27. Structure de notre réseau de neurones (PMC)

Le modèle initial implémenté est de type Perceptron Multicouche, avec une topologie « *3-i-1* », comportant une couche d'entrée, une couche cachée, dont la détermination du nombre de neurones appropriée fera l'objet d'une optimisation, et une couche de sortie. A cet effet, différentes architectures seront simulées et optimisées en variant le nombre de neurones dans la couche cachée de $i = (1 \text{ à } 20)$, en fonction d'une erreur de test dans une première étape, et du taux d'apprentissage dans une deuxième étape.

La fonction d'activation choisie pour les neurones de la couche cachée est la fonction sigmoïde; et celle des neurones de la couche de sortie est la fonction linéaire. Une telle structure est en effet généralement considérée comme optimale pour un problème d'approximation de fonction [Cybenko, 1989]. Pour former le réseau de neurones nous utilisons l'algorithme d'apprentissage de la méthode RPROP (Resilient Back Propagation).

La particularité du RPROP est que seulement le signe de la dérivée est pris en compte pour permettre l'ajustement des poids. Cet algorithme permet une convergence plus rapide, comparativement à la rétropropagation classique [Riedmiller et Braun., 1992];[Riedmiller et Braun., 1993]. Le principe de cette variante de la rétro-propagation est de n'utiliser que le signe du gradient de l'erreur de sortie, au lieu de l'amplitude du gradient. Cela permet de s'affranchir des inconvénients dus à cette amplitude (notamment le fait qu'elle soit liée à la dérivée de la fonction de transfert, et peut donc être très faible). Son fonctionnement peut se définir ainsi : il commence par une petite valeur d'ajustement et, ensuite, il augmente cette valeur si le gradient présent a la même direction (signe) que le gradient précédent. Toutefois, si la direction est opposée, il diminue la valeur. L'idée est d'augmenter la quantité de variation des poids quand le gradient ne change pas de signe (ce qui signifie que l'erreur diminue, et que les poids évoluent dans le bon sens), et de l'augmenter sinon (on a sauté un minimum de la surface d'erreur). Cette mise à jour est ajoutée au poids, si le gradient est positif, et soustraite du poids, s'il est négatif. Une autre caractéristique du RPROP est que l'apprentissage est fait en lots (batch mode).

La méthode d'apprentissage RPROP [Reidmiller et al., 1993] est généralement la plus efficace fournie par le framework Encog [Heaton, 2011] pour l'implémentation des réseaux de neurones feedforward supervisées. Un avantage particulier de l'algorithme RPROP est qu'il ne nécessite pas de réglage des paramètres (e.g. learning rates, momentum values) avant de l'utiliser.

La fonction de coût est aussi l'un des plus importants facteurs contrôlant les performances d'un perceptron multicouche. La fonction de coût standard est la fonction quadratique [Rumelhart, 1986] avec pour critère d'arrêter le passage à un seuil de l'erreur quadratique moyenne obtenue sur l'ensemble de validation. Nous appellerons cette méthode « MSE » dans tout ce qui suit.

Nous considérons l'espace des hypothèses dans ce problème d'apprentissage comme un espace à 3 dimensions composé de w_1, w_2 et w_3, c'est-à-dire, un ensemble de vecteurs de poids. Notre objectif est de trouver les poids qui correspondent le mieux aux exemples d'apprentissage. Le réseau neurones utilisé correspond à un MLP, qui se compose de plusieurs couches de nœuds dans un graphe orienté, chaque couche entièrement reliée à la suivante.

La couche d'entrée dans le réseau est composée de trois vecteurs dont s_1, s_2 et s_3, représentant la similarité terminologique, structurelle et linguistique, respectivement, pour un couple donné d'entités. La sortie de ce réseau est la valeur de similarité finale entre ces deux entités qui est stockée dans s (voir équation 19).

Rappelons que XMap++ utilise trois méthodes de calcul de la similarité entre les entités de deux ontologies.

- Les méthodes terminologiques : elles sont employées pour calculer la valeur de similitude des entités textuelles, telles que des noms, des méta-données sur les noms, des étiquettes, des commentaires, etc.
- Les méthodes linguistiques utilisant des ressources externes (e.g. WordNet) : effectue la correspondance à travers les relations lexicales (par exemple, synonymie, hyponymie, etc.).

- Les méthodes structurelles qui s'intéressent aux structures internes des entités ; elles calculent la similarité entre deux concepts en exploitant les informations relatives à leur structure interne (restrictions et cardinalités sur les attributs, valeurs des instances, etc.) et s'intéressent aussi aux structures externes ou conceptuelles ; elles se servent de la structure hiérarchique de l'ontologie et se basent sur des techniques de comptage d'arcs pour déterminer la similarité sémantique entre deux entités.

II.2.3 Configuration optimale de notre réseau de neurones (PMC)

Nous présentons dans cette étude une approche efficace pour la configuration optimale d'un réseau de neurones multicouches avec la méthode d'apprentissage RPROP, spécifiquement adaptée à l'alignement des ontologies. Il s'agit de déterminer précisément un nombre approprié de neurones dans la couche cachée pour assurer une fiabilité maximale du système et en présentant le double avantage d'éviter l'apparition des phénomènes de sur-apprentissage et de minimums locaux.

II.2.3.1 Détermination d'un nombre approprié de neurones dans la couche cachée

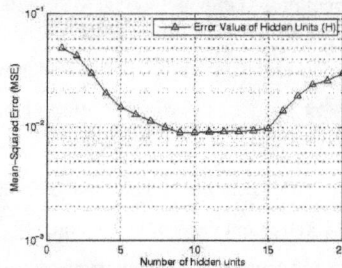

Figure 28. Variation du nombre de neurones dans la couche cachée après 300 itérations [Djeddi et Khadir., 2013]

La variation du nombre de neurones pour le cas d'une couche cachée est illustrée par la figure 28 où on remarque que l'erreur diminue en augmentant le nombre de neurones de la couche caché. On voit une diminution significative de l'erreur entre 2 et 8 neurones, cette diminution devient moins importante entre 9 et 15 neurones pour qu'elle augmente par la suite à partir de l'ajout du 16éme neurones. L'erreur devient plus stable et constant à partir de 10 neurones cachés.

Lorsque les poids du réseau sont grands en valeur absolue, les sigmoïdes des neurones cachés sont saturés, si bien que les fonctions modélisées peuvent avoir des variations brusques en présentant des oscillations non significatives entre les points d'apprentissage, donc de posséder de mauvaises propriétés d'interpolation (ou, dans le jargon des réseaux de neurones, de "généralisation"). Pour obtenir des fonctions régulières, il faut travailler avec la partie linéaire des sigmoïdes, ce qui implique d'avoir des poids dont la valeur absolue est faible. Pour illustrer ce propos, on analyse la somme des carrés des poids du réseau afin de s'assurer que le perceptron à une couche cachée est la stratégie la plus convenable pour notre cas. La figure 29 montre, pour différentes architectures, l'évolution de la somme des carrés des poids pendant l'apprentissage. Excepté pour le modèle comprenant deux neurones cachés, toutes les architectures obtiennent des poids très grands en valeur absolue. Ces grandes valeurs des poids conduisent à des surfaces de séparation avec des variations brusques comme l'a montré la sortie du modèle comprenant dix neurones cachés (voir figure 29).

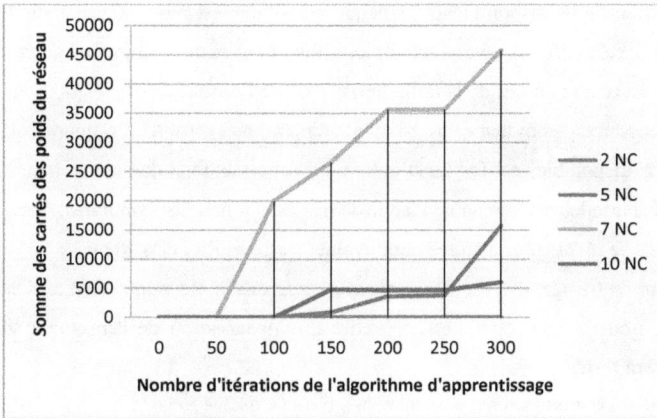

Figure 29. Evolution de la moyenne des carrés des poids $\frac{1}{p}\sum_{i=1}^{p} w_i^2$ en fonction du nombre d'itérations de l'algorithme d'apprentissage. La courbe correspondant à l'architecture à deux neurones cachés est confondue avec l'axe.

En analysant ces résultats on peut dire qu'un nombre de 10 neurones cachés constituent pour notre étude une valeur suffisante pour l'entrainement du réseau. Plusieurs travaux ont montré que le perceptron à une couche cachée est un approximateur universel [Cybenko, 1989], c'est-à-dire qu'il peut approximer toute fonction non linéaire continue, d'un espace de dimension finie dans un autre, avec une précision arbitrairement fixée. C'est cette propriété qui justifie notre choix de l'architecture de réseaux de neurones à une couche cachée.

II.2.3.2 La validation croisée

La validation croisée est une bonne technique d'évaluation de la performance en généralisation d'un classifieur. L'idée derrière cette technique est de tester le modèle du classifieur obtenu sur des données qui n'ont pas participé à l'apprentissage, afin de permettre de prédire le comportement du classifieur face aux nouvelles données. En pratique, on parle de «*K-fold cross validation*» qui consiste à diviser l'ensemble de validation en k sous-ensembles. La validation croisée en k blocs (k-fold cross validation) partitionne aléatoirement l'ensemble Z en k sous-ensembles de même taille appelés blocs. Le classifieur est entrainé sur les données contenues dans $k - 1$ blocs, et évalué sur le bloc restant. Le processus est répété k fois, en changeant de bloc pour tester le classifieur. L'évaluation des qualités prédictives du modèle est obtenue en moyennant les performances obtenues à chaque itération (voir figure 30).

Un cas particulier de cette méthode, appelé leave-one-out cross validation, consiste à prendre k égal au nombre d'échantillons disponibles N. Chaque classifieur est alors entrainé sur l'ensemble des données auquel a été retiré un unique exemple, utilisé pour tester le modèle. Cette méthode, plus longue à mettre en œuvre du fait de la taille importante de l'ensemble d'apprentissage et du nombre d'itérations nécessaires, convient plus particulièrement aux problèmes pour lequel l'ensemble d'échantillons N disponibles est faible. D'autre part, cette méthode donne une bonne estimation de l'erreur pour des modèles cherchant à approximer des fonctions continues, mais la validation croisée en k blocs se révèle plus adaptée pour évaluer l'erreur d'un classifieur.

L'ensemble d'apprentissage disponible et chaque sous ensemble sont constitués alors d'un seul élément. Ainsi, pour chaque opération, on retire une observation de l'ensemble sur laquelle le modèle appris sera testé.

1 : Découper aléatoirement l'échantillon en K blocs (K-fold)

de tailles approximativement égales selon une loi uniforme ;

2 : **Pour** k=1 à K **faire**

3 : mettre de côté l'une des blocs,

4 : estimer le modèle sur les K-1 blocs restants,

5 calculer l'erreur sur chacune des observations qui n'ont pas participé à l'estimation

6 : **Fin**

7 : moyenner toutes ces erreurs pour aboutir à l'estimation par validation croisée.

Figure 30. Algorithme montrant le principe de la validation croisée en k blocs

En appliquant le principe de la validation croisée sur notre RNA, en remarque que l'erreur donnée par la validation croisée est supérieure à celle donnée par l'apprentissage ne prenant qu'un seul ensemble de validation (Voir figure 31). La figure 31 montre que l'erreur la plus faible est donnée par 100 blocs. La moyenne des 100 blocs de validation est une bonne estimation de l'erreur globale.

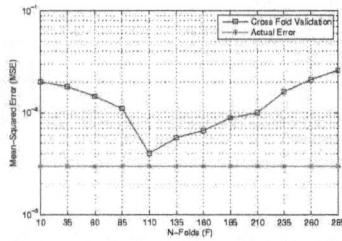

Figure 31. Validation croisée en 10 blocs à 285-blocs [Djeddi et Khadir., 2013]

II.2.3.3 Apprentissage du réseau

Une fois que le nombre de neurones cachés (10 neurones) est défini, et la stratégie de validation croisée est fixé à 100 blocs, on peut procéder à l'apprentissage, c'est-à-dire à l'estimation des paramètres du réseau de neurones qui, avec le nombre de neurones cachés dont il dispose, permet d'obtenir une *EMQ* (Erreur Moyenne Quadratique, ou Means Squared Error (MSE)) minimale sur les points de l'ensemble d'apprentissage. L'apprentissage est donc un problème numérique d'optimisation.

L'apprentissage de notre système de RNA consiste à introduire des données en entrée dont la sortie est bien connue, puis on entraine le réseau jusqu'à ce qu'on obtienne notre sortie désirée. Pour ce faire, nous utilisons un algorithme d'apprentissage supervisé qui consiste à imposer au réseau des entrées (dans notre cas ça sera la similarité terminologique, structurelle et linguistique) et des sorties (les valeurs des poids pour chaque matcher). L'exécution de l'algorithme se poursuit jusqu'à l'obtention d'une erreur jugée acceptable. Les premières valeurs des poids (connexion) sont initialisées aléatoirement puis ils seront mis à jour tous au long du processus. La technique de validation croisée, qui sera précisée par la suite, permet un arrêt adéquat de l'apprentissage pour obtenir de bonnes performances de généralisation.

Les résultats qui décrivent la variation de MSE en fonction des nombres d'itérations sont illustrés par les figures 32, 33, 34 et 35.

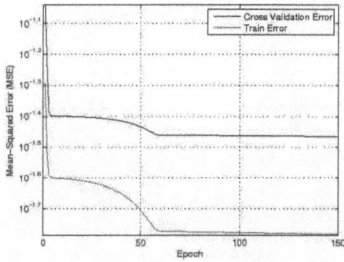

Figure 32. MSE pour les tests #101 et #223

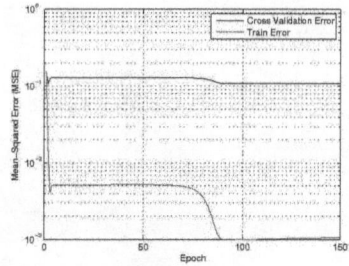

Figure 33. MSE pour les tests #101 et #302

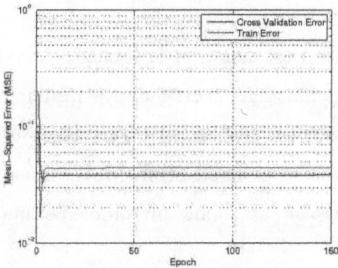

Figure 34. MSE pour les tests #101 et #240

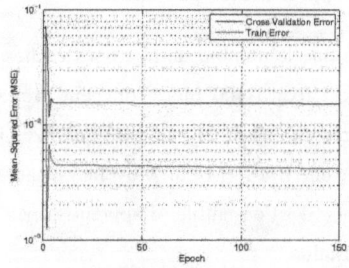

Figure 35. MSE pour les tests #101et #260

Pour le cas des quatre figures 32, 33, 34 et 35, on remarque que l'erreur est instable dans les 100 premières itérations, elle prend par la suite une forme plus régulière et diminue de façon significative jusqu'à ce qu'elle atteigne une valeur faible. On remarque aussi que plus le nombre d'itérations augmente plus l'erreur diminue ; donc à 150 itérations, l'erreur est jugée très acceptable. Il y a peu de chances qu'il atteindra des niveaux inférieurs par la suite si l'entraînement se poursuit. Le tableau 9 montre les temps d'exécution nécessaires pour chaque test d'apprentissage qui comporte en utilisant quatre paires d'ontologies #101-223, #101-302, #101-240 et #101-260. Nous choisissant ces tests parce qu'ils reflètent plusieurs modèles de hiérarchisation d'ontologie.

Tests	Temps d'exécution
#101-223	41 secondes
#101-302	32 secondes
#101-240	23 secondes
#101-260	12 secondes

Tableau 9. Temps d'exécution pour les 4 ontologies utilisées pour l'apprentissage du RNA

II.2.3.4 Phénomènes de sur-apprentissage et de minimums locaux

L'apprentissage du réseau de neurones PMC de notre approche avec une faible erreur d'apprentissage génère un nombre important d'itérations qui provoque l'apparition du phénomène de sur-apprentissage, se traduisant par une erreur de test EMQ élevé. Cette dernière est affectée de minimums locaux, dont les plus significatifs se situent dès la 15ème itération comme le montrent les figures 32, 33, 34 et 35.

Généralement, les performances initiales de notre réseau de neurones sur les ensembles d'apprentissage et de validation sont équivalentes. De la 1ère itération jusqu'à la 50ème itération (Voir figures 32, 33, 34 et 35) l'élaboration (formation) du réseau progresse, l'erreur des sorties du réseau par rapport aux données d'apprentissage est en diminution, parallèlement l'erreur de validation diminue, ceci renseigne qu'il n'y a pas de sur-ajustement. Mais après 100 itérations l'erreur de validation cesse de diminuer (l'erreur ne remonte pas clairement après avoir atteint son minimum), ce phénomène indique que le réseau est sur-ajusté. Par conséquent, il convient d'arrêter l'élaboration du réseau à l'état où l'erreur de validation est stable. Le minimum sur la base de validation est atteint à la 150ème itération, la valeur de l'erreur quadratique moyenne sur la base d'apprentissage et sur la base de validation est entre $-2.3411e - 009$ et $-4.3411e - 009$.

II.2.3.5 Résultats

Notre réseau de neurones a été entraîné en variant le nombre de neurones dans la couche cachée, et avec des poids et des biais aléatoires : les poids obtenus après la phase d'apprentissage ont été ensuite utilisés pour tester la fiabilité du réseau, caractérisée par l'obtention d'une erreur MSE minimale après 150 itérations, correspondant à l'architecture retenue de « *3-10-1* ». La fonction de coût à minimiser retenue est MSE. La technique d'apprentissage de base est l'algorithme RPROP. On adopte deux critères d'arrêt selon la valeur de MSE, si la valeur de ce dernier est très faible en restant stable pour un certain nombre d'itérations on arrête le processus d'apprentissage (150 itérations dans notre cas), s'il n'est pas le cas on utilise la technique validation croisée avec 100 blocs.

II.3 Différentes stratégies de combinaison des matrices de similarité

Les ontologies à aligner sont appelées les ontologies source et cible. XMap++ calcule trois différentes mesures de similarité pour chaque paire d'entités. Les matchers effectuent un calcul de similarité, dans lequel chaque entité de l'ontologie source est comparée avec toutes les entités de l'ontologie cible, produisant ainsi trois matrices de similarité, qui contiennent une valeur pour chaque paire d'entités. Après cela, un opérateur d'agrégation est utilisé pour combiner les trois matrices de similarité calculée par différents matchers en une seule matrice agrégée $n * m$, où n est le nombre d'éléments dans l'ontologie source et m est le nombre d'éléments de l'ontologie cible. L'alignement final est alors extrait de cette matrice, afin de sélectionner que les meilleures correspondances en respectant le seuil et la cardinalité des correspondances (e.g. 1-1, 1-n, n-1, M-N) défini comme paramètre d'entrée avant d'appliquer le processus d'alignement (voir figure 36).

À propos de la cardinalité des correspondances, XMap++ utilise les quatre cas suivants: 1-1, n-m, n-* (analogue à *-m), * - *, où 1-1 désigne pour chaque entité dans l'ontologie source serait alignée avec au plus d'une entité dans l'ontologie cible, n-m signifie que chaque entité dans l'ontologie source serait alignée au plus avec m entités dans l'ontologie cible, tandis que chaque entité dans l'ontologie cible serait aligné au plus avec n entités dans l'ontologie source. Dans le cas de n-*, chaque entité dans l'ontologie source peut être alignée à n'importe quel nombre d'entités dans l'ontologie cible.

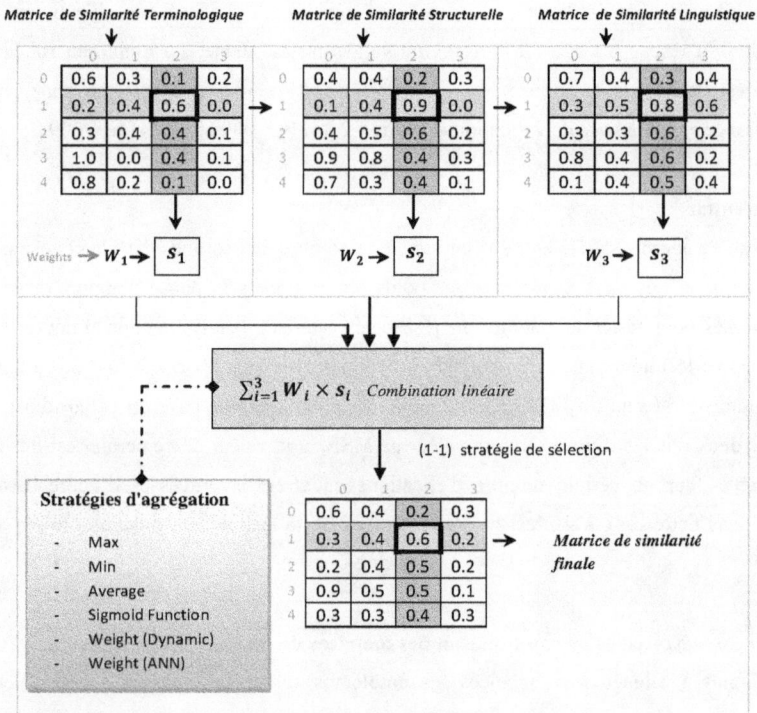

Figure 36. Un exemple sur la représentation des techniques d'élagage et de fractionnement sur des matrices de données pour deux couples d'entités

L'agrégation réduit le cube à une matrice de similarité, en agrégeant les trois matrices des différents matchers. Cette agrégation est définie par cinq stratégies: *Max*, *Min*, *Moyenne*, *fonction sigmoïde* et pondération de poids. La stratégie *Max* est une stratégie optimiste, en sélectionnant la valeur de similarité la plus élevée par un matcher. À l'inverse, la stratégie *Min* sélectionne la valeur la plus basse. La stratégie *Moyenne* unifie les résultats des matchers, en calculant la moyenne. La méthode sigmoïde combine les résultats des matchers en utilisant la *fonction sigmoïde*, dont la valeur change en fonction du poids de la mesure linguistique. La principale utilité de la combinaison de la *fonction sigmoïde* avec la somme pondérée est de surmonter le problème d'hétérogénéité des contextes des entités et de ne pas oublier des entités importantes avec des poids élever au niveau du matching lexical ou structurel [Djeddi et Khadir., 2010]. Enfin afin de satisfaire l'importance des différents résultats des matchers, notre approche applique une stratégie de pondération de poids en calculant la somme pondérée des résultats, selon des poids définis :

- par l'utilisateur,
- automatiquement définis en utilisant une stratégie dynamique [Djeddi et Khadir., 2011],
- ou en utilisant un RNA de type PMC [Djeddi et Khadir., 2012a; 2012b].

Ces valeurs sont, alors, filtrées à l'aide d'une sélection en fonction d'un seuil défini, et d'une cardinalité de correspondance souhaitée. Dans notre algorithme nous adoptons la cardinalité 1-1 pour trouver la solution optimale en temps polynomial. Enfin les matchers qui utilisent d'autres matchers ont besoin de moyens pour combiner leurs valeurs de similarité, par exemple, le cas dont les matchers utilisent des valeurs d'autre matchers qui s'intéressent aux entités parents ou enfant. Ce sujet est résolu en proposant deux stratégies: *Moyenne* et *Dice*. *Moyenne* divise la somme des valeurs des similarités de tous les matchers par le nombre d'alignement. *Dice* est l'approche la plus optimiste, il retourne les valeurs de similarité les plus élevées en utilisant le coefficient *dice* [Castano et al., 1998]. Ce dernier est calculé en divisant le nombre des alignements des entités par le nombre de toutes les entités. Enfin, la matrice sélectionnée est utilisée pour créer un alignement.

II.4 XMap++ et algorithme de raisonnement évolutif

Nous utilisons le framework Fork/Join du langage java version 7 qui permet de réaliser facilement des traitements en parallèle en divisant une tâche volumineuse en tâches plus petites. Par exemple, dans un calcul matriciel, on ne veut pas que le temps de traitement d'une tâche dépend de la taille de la matrice à traiter. Désormais, quand on commence à calculer les similarités des entités des ontologies de grande taille le processus de l'exécution d'alignement sera long, car consommatrice de CPU ; le framework Fork/Join met à notre disposition un lot de classes permettant de coder facilement l'exécution en parallèle de certains traitements mais aussi, et surtout, aidant différentes unités d'exécution (ou Tâche) à se synchroniser les unes par rapport aux autres. Le framework fork-join permet, au sein d'une seule JVM, d'exécuter désormais plusieurs tâches de granularité fine en parallèle en tirant parti des architectures multi-processeurs et multi-cœurs. La figure 37 ci-dessous illustre deux threads avec les pools de tâches et servira de base à l'étude du fonctionnement :

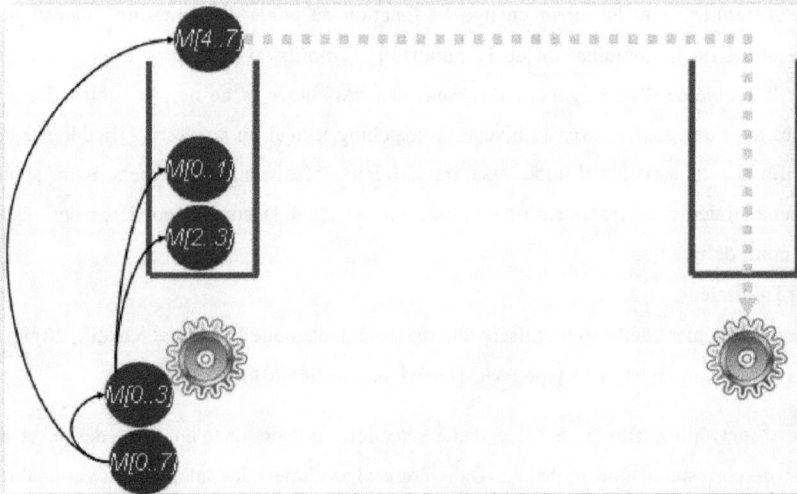

Figure 37. Cerner la notion de fork/join.

La première tâche de recherche sur un tableau à 8 éléments, qu'on note $M[0..7]$ va être affectée à un thread qui va l'exécuter. La méthode compute() va créer 2 tâches $M[0..3]$ et $M[4..7]$. Le framework Fork/join réinsère alors les tâches dans la file. L'appel de la méthode forkjoin() permet l'exécution de deux tâches en parallèle (fork) mais attend la fin de chacune d'elles (join) pour rendre la main au traitement principal. Cela est indispensable pour que la tâche principale calcule le maximum des deux résultats.

Remarque : Par conséquent, nous utilisons la combinaison parallèle de deux matchers l'un s'intéresse aux classes des ontologies et l'autre aux propriétés des ontologies ; le résultat des deux matchers individuels sera combiné pour identifier un seul mapping candidat entre chaque couple de concepts.

II.5 Le coût de la procédure

Comme déjà mentionné dans la section II.2.1, le coût du matching simple nécessite $n * m$ comparaisons si les nombres de concepts des sources de données de départ et d'arrivée sont respectivement n et m. En effet, un alignement de cardinalité 1-1 consiste à comparer chaque concept de la source de données d'arrivée avec tous les concepts de celle de départ. Après comparaison, les paires de concepts doivent être triés par ordre décroissant de similarités. Seules les paires dont les valeurs de similarités associées dépassent un certain *seuil* prédéfini seront retenues. Donc le coût du traitement global de notre algorithme sera de l'ordre de $n * m * log(n * m)$. En effet, si la comparaison des paires de concepts implique un algorithme plus complexe (e.g. comparaison des concepts par des informations contextuelles tout en augmentant la valeur de *radius* pour qu'elle couvre tout le contexte des entités) le coût de la procédure pourrait être encore plus élevé dépendamment du degré de complexité de l'algorithme adopté et du volume des données traitées. Par ailleurs, le matching complexe soulève un problème de coût de traitement beaucoup plus important. En fait, tandis que l'espace de recherche des candidats pour le matching simple est fini, il peut être très large dans le cas d'un matching complexe. En effet, on peut imaginer un nombre important de hiérarchisations entre les entités de deux ontologies à aligner (depth $\geq$ 4) qui peuvent être utilisés pour combiner les concepts d'une source de données, ce qui donne lieu à de nombreuses combinaisons possibles. Une solution efficace pour ce problème est d'utiliser la technique fork/join (voir section II.4) qui permet de réduire l'espace et le temps de recherche des concepts candidats parce que c'est un processus parallèle.

II.6 Détails de l'algorithme développé

En OWL, les descriptions des classes et des relations dans l'ontologie ont beaucoup de points communs au niveau syntaxique.

Elles sont décrites en utilisant des primitives telles que *rdf:id*, *rdfs:label* pour leurs noms, leurs étiquettes, respectivement. Les classes et les relations sont également organisées dans des hiérarchies (la hiérarchie des classes et la hiérarchie des relations) grâce aux deux primitives *rdfs:subClassOf* et *rdfs:subPropertyOf* respectivement. Quand à la différence entre une classe et une relation dans leurs descriptions en OWL au niveau syntaxique, les deux primitives *rdfs:domain* et *rdfs:range* peuvent être utilisées pour spécifier le domaine et le co-domaine d'une relation. La première version de notre algorithme se nomme XMap [Djeddi et Khadir., 2010] qui exploite les éléments communs à partir des descriptions des classes et des propriétés pour mesurer la similarité entre deux classes et deux propriétés, respectivement (alignement syntaxique). La deuxième version qui se nomme XMap++, utilise le thesaurus WordNet avec le principe d'enrichissement des ontologies en utilisant le principe de contexte [Djeddi et Khadir., 2013] pour l'alignement sémantique des ontologies.

Remarque : dans ce chapitre, nous présentons des mesures de similarité pour les classes et la similarité entre les propriétés est calculée par des mesures construites de la même manière (voir figure 38).

Le processus d'alignement dans XMap++ se déroule en trois phases principales : (1) l'enrichissement des ontologies qui permet d'ajouter des contextes aux différentes entités des ontologies, et de chercher des correspondances selon le contexte; (2) la découverte de mapping entre les entités issues des deux ontologies ; (3) la combinaison selon différentes stratégies des résultats issus des différentes matchers (matcher terminologique, matcher structurel, matcher linguistique) afin d'aboutir à un alignement final.

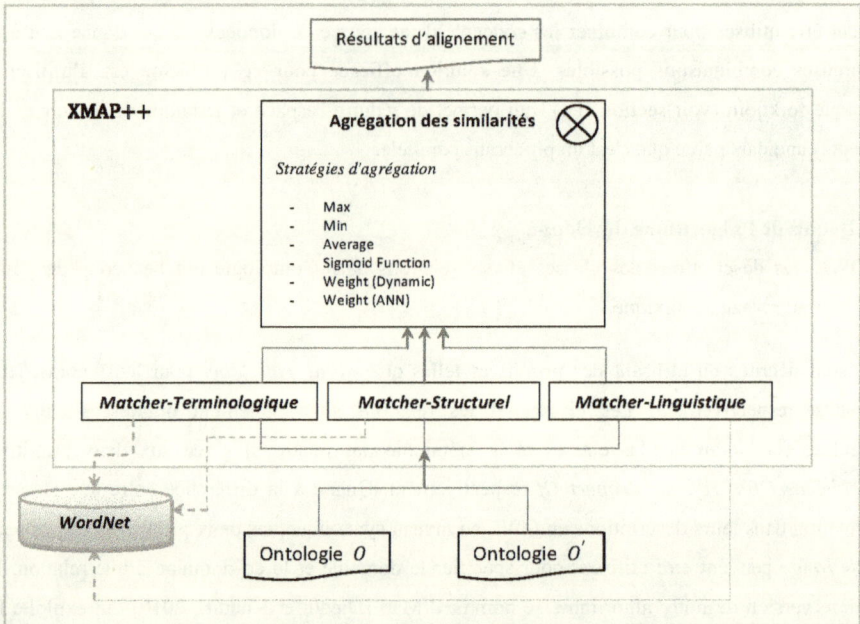

Figure 38. Architecture de XMAP++

La première phase d'enrichissement est considérée comme un premier filtre. Elle permet d'enrichir les concepts des ontologies par le contexte, ensuite, elle effectue une recherche des concepts similaires selon ce contexte. De cette façon, l'approche permet d'éviter les conflits terminologiques comme la présence d'homonymes et de gagner du temps en réduisant le nombre d'itérations de calcul, car elle permet de réduire l'espace de recherche des concepts candidats. La deuxième phase, qui est le processus de calcul des similarités, repose sur l'utilisation de plusieurs stratégies. Ces dernières exploitent la majorité des informations intentionnelles et extensionnelles des concepts, les différentes structures fournies par les ontologies à savoir les taxonomies et le voisinage et exploitent aussi le thesaurus WordNet, afin de remédier aux conflits sémantiques. La troisième phase consiste de tirer profit à la fois des différentes stratégies de combinaison afin d'extraire des mappings consistants et pertinents.

II.6.1 La similarité au niveau linguistique

La similarité linguistique de deux classes est calculée à partir des composantes linguistiques de la classe. En OWL, les composantes linguistiques dans une description d'une classe sont le nom de classe (spécifié par la primitive *rdf:id*), les étiquettes de la classe (spécifiées par une ou plusieurs primitives *rdfs:label*) et les commentaires de la classe (spécifiés par une ou plusieurs primitives *rdfs:comment*). Pour notre algorithme on s'intéresse seulement à la mesure de similarité construite à partir du nom de la classe, car elle reflète son identification unique dans toute l'ontologie. En OWL, les ressources, donc les classes ou les relations, sont identifiées par des URIs. Par exemple, la classe « Livre » est référencée en RDF(S) par l'URI « http://www.univ-annaba.fr/documents/exemple#Livre ».

<rdfs:Class rdf:about=" http://www.univ-annaba.fr/documents/exemple#Livre " />

L'URI se compose de deux parties : l'espace de noms (namespace) et le nom local. Dans l'exemple ci-dessus, l'espace de noms de l'URI est « http://www.univ-annaba.fr/documents/exemples », et le nom local est « Livre ». Normalement, le nom d'une classe est une chaîne des caractères, sans espaces. Un nom de classe peut être un mot, un terme, ou une expression (une combinaison des mots). Ce nom est unique dans une ontologie pour identifier la classe. Le calcul de la valeur de similarité de deux noms est effectué dans deux étapes : la *normalisation* et la *comparaison*.

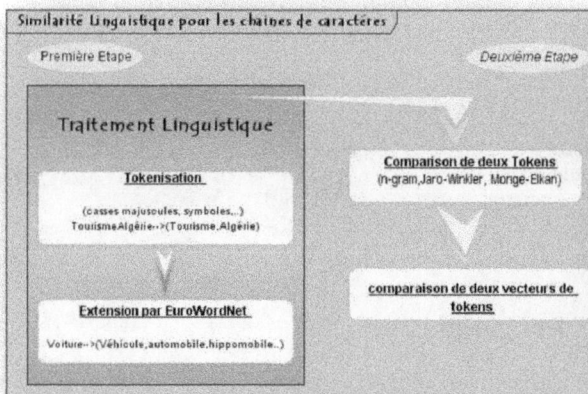

Figure 39. Les calculs des similarités linguistiques pour les chaines de caractères

---

Fonction-1   **Normalisation(nom)**

---

résultat$_{normalisation}$ $<$ – créer un ensemble vide
tokens $<$ – Tokenisation(nom)
n $<$ – nombre de tokens dans tokens
Pour i de* 1 à *n
Tr $<$ – Expansion(tokens[i])
$Tr < -Minusculation(Tr)$
résultat$_{normalisation}$ $< -Ajouter(Tr, résultat_{normalisation})$
Fin Pour

Retourner résultat$_{normalisation}$
Fin

L'étape de normalisation (*Fonction-1*) convertit un nom de classe en un ensemble d'unités lexicales des tokens. Un nom est découpé en plusieurs tokens grâce à la ponctuation, à la casse (majuscule), aux symboles spéciaux, aux chiffres. Par exemple, le nom de classe «AirCanada» est découpé en deux tokens «Air» et «Canada» ; le nom «Maison_de_Karim» est convertit à l'ensemble {«Maison», « de », «Karim»}. La normalisation du nom inclut une expansion de token : les abréviations, les acronymes sont élargis, par exemple le token «WS» est élargi à { «Web», «Sémantique» }. Cette expansion est effectuée grâce à un dictionnaire externe, dont chaque entrée est une paire composée d'un token (abréviation ou acronyme) et d'un ensemble de mots qui correspondent au token. Le dictionnaire est soit construit spécialement pour le domaine où les ontologies à aligner se trouvent soit il s'agit d'un dictionnaire général contenant des termes communs. Les tokens dans l'ensemble de tokens sont enfin rendus minuscules pour être comparés après.

Fonction-2   **Sim$_{max}$(token, tokens)**

$valeur_{max} < -0$
$n < -nombre\ de\ tokens\ dans\ tokens$
Pour i de* 1 à *n
    $valeur_{sim} < -Mesure\_similarite(token, tokens[i])$
    Si $valeur_{sim} > valeur_{max}$
        $valeur_{max} < - valeur_{sim}$
    Fin Si
Fin Pour

Retourner $valeur_{max}$
Fin

Par contre, la troisième fonction est basée sur une stratégie pessimiste pour le calcul de mesure linguistique des deux concepts.

Fonction-3 **$Sim_{moyenne}(token, tokens)$**

$valeur_{moyenne}$ < -0
$Somme < -0$
$n < -nombre\ de\ tokens\ dans\ tokens$
Pour i de 1 à n
    $Somme < -Somme + Mesure\_similarite(token, tokens[i])$
Fin Pour
$valeur_{moyenne}$ $< -Somme/n$
Retourner $valeur_{moyenne}$
Fin

La comparaison de la similarité de deux noms de deux classes (voir *Fonction-2*) est la comparaison entre deux ensembles de tokens correspondant à ces noms. La similarité de deux tokens, qui sont actuellement des chaînes de caractères courtes, est calculée en employant la métrique n-gram (Définition 10), qui est basée sur le nombre et l'ordre de caractères communs entre deux chaînes des caractères.

Bien qu'ayant été proposée depuis les années quatre vingt et utilisée principalement en reconnaissance de la parole, la notion de **n-grams de caractères** prit davantage d'importance avec les travaux de [Greffenstette, 1995] sur l'identification de la langue et de [Damashek, 1995] sur le traitement de l'écrit. Le choix des n-grams apporte un autre avantage très important : il permet de contrôler la taille du lexique et de la maintenir à un seuil raisonnable pour de très larges noms. La taille du lexique était jusqu'à présent l'aspect le plus controversé et considéré comme une limite des techniques. Dans une approche avec découpage en n-grams de caractères, contrairement aux approches avec découpage en mots, il n'est pas question d'utiliser la lemmatisation pour réduire le lexique. La lemmatisation (qui consiste à remplacer une forme fléchie par son lemme) est, d'une part, relativement lourde à mettre en œuvre sur le plan informatique (elle utilise dans la plupart des cas un dictionnaire très volumineux), mais en plus, impose un traitement spécifique à chaque langue. La valeur de similarité de nom (S_{Nom}) entre deux noms est alors la moyenne des valeurs de similarité entre chaque token d'un ensemble et le token le plus similaire dans l'autre ensemble.

Définition 22 (*Similarité des noms*). *Soit n_1 et n_2 deux noms de deux classes. Soit N_1 et N_2 ensembles des tokens obtenus après la normalisation de n_1 et de n_2, respectivement. La similarité des noms est une fonction de la similarité $S_{Nom} : S\ x\ S \to [0,1]$ telle que*

$$S_{Nom}(n_1, n_2) = \frac{\sum_{m_1 \in N_1} MJW(m_1, N_2) + \sum_{m_2 \in N_2} MJW(m_2, N_1)}{|N_1| + |N_2|} \tag{20}$$

$$\text{où } \mathbf{MJW}(m_i, N) = \mathbf{max}_{m_j \in N}\ S_{n-gram}(m_i, m_j)$$
$$|N_i|,\ i = 1,2,\ est\ la\ cardinalité\ de\ l'ensemble\ N_i$$

Fonction-4 $Similarité_{Nom}(nom1, nom2)$

$tokens1 < -\textbf{Normalisation}(nom_1)$
$tokens2 < -\textbf{Normalisation}(nom_2)$
$n_1 < -nombre\ de\ tokens\ dans\ tokens\ 1$
$n_2 < -nombre\ de\ tokens\ dans\ tokens\ 2$
$somme1 < -0$
Pour i **de** 1 à n_1
   $sim < -\textbf{Sim}_{max}(tokens1[i], tokens2)$
   $somme1 < -somme1 + sim$
Fin Pour
$somme2 < -0$
Pour i **de** 1 à n_2
   $sim < -\textbf{Sim}_{max}(tokens2[j], tokens1)$
   $somme2 < -somme2 + sim$
Fin Pour
si $n_1 = n_2 = 0$
$résultat < -1$
sinon
$résultat < -(somme1 + somme2)/(n_1 + n_2)$
Fin Si
Retourner $résultat$
Fin

Dans la *Définition 10*, au lieu d'employer la métrique n − gram pour calculer la similarité de deux tokens, l'algorithme permet de choisir d'autres métriques bien connues de comparaison des chaînes de caractères courtes telle que Jaro-Winkler, Levenstein et Monge-Elkan [Cohen et al., 2003]. Nous trouvons que la mesure Monge-Elkan donne un résultat meilleur dans la plupart des cas, même si le domaine d'application peut être non déterminé. Par contre, la mesure Jaro-Winkler a une performance presque celle de Monge-Elkan mais la vitesse du calcul est plus rapide. Dans le cas où on compare des entités numériques ayant des tailles fixes, la mesure Hamming sera le choix meilleur.

Pour une comparaison précise, EqualDistance retourne la valeur 1 si les deux chaînes de caractères sont les mêmes, 0 sinon. De même SubString Equivalence est une variation du précédent elle considère que deux chaînes de caractères sont similaires, quand l'une est une sous-chaîne de l'autre.

Suivant la nature des ontologies à aligner : si ces ontologies partagent plusieurs classes ayant les mêmes noms, ω_{Nom} est mis à une valeur plus élevée par l'utilisateur, et dans le cas où les concepts des deux ontologies à aligner sont largement différents, il faut affecter une valeur petite à ω_{Nom}, laissant une grande partie pour le calcul de similarité structurelle.

Définition 23 (*Similarité linguistique de deux classes*). *Soit A et B deux classes de deux ontologies. Soit Nom(x) qui retournent le nom. La similarité linguistique de deux classes A et B est une fonction de la similarité $S_{Linguistique} : OxO \rightarrow [0,1]$ telle que :*

$$S_{Linguistique}\ (A, B) = \boldsymbol{Similarit\acute{e}_{Nom}}\big(Nom(A), Nom(B)\big) * \omega_{Nom} \tag{21}$$

Si cette valeur de similarité linguistique $S_{Linguistique}\ (A, B)$ excède un seuil prédéfini $T_{Linguistique}\ >$ 0 , nous considérons que la classe A de l'ontologie O_1 est linguistiquement similaire avec la classe B de l'ontologie O_2, et noté $l - similar(A, B)$.

Définition 24 $(l - similar)$. *Soit A et B deux classes de deux ontologies. Soit $T_{Linguistique}$ un nombre réel non négatif. Deux classes A et B sont linguistiquement similaires et noté $l - similar(A, B)$ si et seulement si $S_{Linguistique}\ (A, B) \geq T_{Linguistique}$.*

II.6.2 La similarité au niveau structurelle

OWL fait la distinction entre deux types de propriétés : les propriétés d'objet permettant de relier des instances à d'autres instances et les propriétés de type de données permettent de relier des individus à des valeurs de données.

Une propriété d'objet est une instance de la classe *owl:ObjectProperty*, une propriété de type de donnée étant une instance de la classe *owl:DatatypeProperty*. Ces deux classes sont elles-mêmes sous-classes de la classe RDF *rdf:Property*.

La description par restriction de propriété permet de définir une classe anonyme composée de toutes les instances de *owl:Thing* qui satisfont une ou plusieurs propriétés.

Ces contraintes peuvent être de deux types : contrainte de valeur ou contrainte de cardinalité. Une contrainte de valeur s'exerce sur la valeur d'une certaine propriété de l'individu (par exemple, pour un individu de la classe Humain, sexe = Homme), tandis qu'une contrainte de cardinalité porte sur le nombre de valeurs que peut prendre une propriété (par exemple, pour un individu de la classe Humain, aPourFrere est une propriété qui peut ne pas avoir de valeur, ou avoir plusieurs valeurs, suivant le nombre de frères de l'individu. La contrainte de cardinalité portant sur aPourFrere restreindra donc la classe décrite aux individus pour lesquels la propriété aPourFrere apparaît un certain nombre de fois). L'algorithme XMAP++ évalue la relation sémantique entre deux concepts en prenant en considération les types de contrainte de cardinalités et de valeurs entre leurs propriétés. Nous notons par C l'ensemble de concepts pour une ontologie donnée. Pour un concept donné $c \in C$ nous notons par $P(c) = \{pi \mid pi(c)\}$ l'ensemble de propriétés de c. Dans ce but, nous évaluons la similarité linguistique de propriétés aussi bien que le lien relationnelle entre le type de restriction pour chaque propriété.

La fonction $Restriction_{Type}(r, r')$: le but de cette relation est de calculer une valeur dans l'intervalle [0,1] exprimant un lien relationnel entre r et r' basé sur leurs poids associés (voir le tableau 10).

Restriction	Poids
OWLAllValuesFrom	1.0
OWLSomeValuesFrom	1.0
OWLMinCardinality>=1	1.0
OWLCardinality>=1	1.0
OWLMaxCardinality>=1	1.0
Autre restriction...	0.5

Tableau 10. Les poids sont associés au type de restriction

La relation $\boldsymbol{Restriction_{Type}}(r, r')$ est rapporté au-dessous, et la plus haute valeur (c.-à-d., 1.0) est obtenu quand r et r' ont le même poids.

Fonction-5 $\boldsymbol{Restriction_{Type}}(\mathbf{r}, \mathbf{r}')$

Entrée type de restriction r et r'
Sortie valeur dans l'intervalle [0,1] exprimant un lien relationnel entre r et r'
Début fonction
Def ω_r et $\omega_{r'}$ comme les poids associés avec r et r', respectivement.
Def $\kappa = 0$;
$\kappa = 1 - |\omega_r - \omega_{r'}|$;
Retourner κ;
Fin

La fonction $Similarité_{structurelle}$: le calcul de la similarité structurelle est achevé en exploitant une fonction

$$Similarité_{structurelle}\ (Description_{contexte}\ (c), Description_{contexte}\ (c'))$$

de deux concepts c et c'. Dans cette fonction, la description contextuelle d'un concept c est représenter à travers un vecteur $(c) = (dsp_1, \ldots, dsp_n)$ ou $\forall i \in (1, \ldots, n)$, $dsp_i = (p_i, r_i)$, dont p_i dénote le ième propriétés et r_i dénote la restriction de p_i. Un facteur de contrôle F_k a été introduit pour raffiner les résultats de l'évaluation. En particulier, dans la présence de très basse valeur, F_k les augmente proportionnellement pour mieux équilibrer toutes les résultats et évite de trop grands intervalles entre eux. Pour chaque propriété $p_i \in P(c)$ est alignée contre toutes les propriétés $p_j \in P(c')$ en utilisant les deux fonctions $\boldsymbol{Similarité_{Nom}}(p, p')$ et $\boldsymbol{Restriction_{Type}}(r, r')$.

Fonction-6 **Similarité$_{structurelle}$(Description$_{contexte}$(c), Description$_{contexte}$(c'))**

Entrée les vecteurs $Description_{contexte}$ (c) et $Description_{contexte}$ (c') qui représentent la description structurelle d'un concept c et c', respectivement.

Sortie une mesure de similarité structurelle

Début fonction

Def $x=0, y=0, z=0$;

Pour chaque $dsp \in Description_{contexte}$ (c)|$dsp = (p,r)$;

    Pour chaque $dsp' \in Description_{contexte}$ (c')| $dsp'(p',r')$;

        Si $r = \emptyset \, || \, r' = \emptyset$

            $y = Similarité_{Nom}(p, p')$;

        Sinon

            $y = Similarité_{Nom}(p, p') \cdot Restriction_{Type}(r, r')$;

    $z = z + y$;

$z = z \div (length(Description_{contexte}$ (c)) $\cdot length(Description_{contexte}$ (c')));

$F_k = 1 + (1 - z)$ est un facteur de contrôle

$x = z \cdot F_k$;

Retourner x;

Fin

Dans XMAP++ la précision dépend du choix du concept nommé dans la définition de l'ontologie. Les noms significatifs et précis garantiront des résultats plus appropriés.

L'algorithme XMAP++ : l'entrée de l'algorithme XMAP++ (voir la page suivante) est constituée par deux concepts c et c' ; la valeur du poids ω_{LA}, et 0.5 est la valeur par défaut.

$\omega_{LA} = 0.5$ en assurant que la mesure linguistique et la mesure basée sur la nature de description de propriété ont le même impact pendant le calcul de la mesure finale, et si $\omega_{LA} = 1.0$ alors seulement la mesure linguistique est considérée. L'algorithme prend en entrée la valeur de *radius* (rayon) et la valeur du *seuil* (threshold). La sortie de XMAP++ est une mesure exprimant le degré de similarité entre deux concepts.

Algorithme $XMAP + +(c, c', \omega_{LA}, radius, seuil)$

Entrée   les deux concepts c et c', et le poids ω_{LA}

Sortie   similarité finale entre c et c'

Début Algorithme

Def   n et n' sont les noms de c et c', respectivement ;

Def $D_{contexte}(c) = []$, $D_{contexte}(c') = []$ *sont les vecteurs de description de propriété de c et c', respectivement ;*

Def *portion* $- dsp = []$ *comme un paire de la forme* (np, tr), *dont np est le nom associé à une propriété et* $tr \in \{$OWLSomeValuesFrom, OWLMinCardinality>=1, OWLCardinality>=1, Autre restriction$\}$

Def $x = 0$, $y = 0$ et $Similarité_{finale} = 0$;

$\qquad P(c) = \{p_i | (p_i, c, tr)\}$;

$x = \boldsymbol{Similarité_{Nom}}(c,\ c')$;

pour chaque *propriété* $p(c) \in P(c)$

$\quad$ /* $tr(p_i, c)$ le type de restriction de p_i qui $\in c$

$portion - dsp = [p(c), tr(p_i, c)]$;

Ajouter $portion - dsp$ dans $D_{contexte}(c)$;

$\quad$ ***pour chaque*** *propriété* $p(c') \in P(c')$

/* $tr(p_i, c')$ le type de restriction de p_i qui $\in c'$

$portion - dsp = [p(c'), tr(p_i, c')]$;

Ajouter $portion - dsp$ dans $D_{contexte}(c')$;

$y = \boldsymbol{Similarité_{str}}(D_{contexte}(c), D_{contexte}(c'))$;

if $\omega_{LA} > 0.7 \quad$ then

$\quad Similarité_{finale}(c, c') = \omega_{LA} \cdot x + (1 - \omega_{LA}) \cdot sigmoid(y - 0.5)$;

else if $\omega_{LA} < 0.4 \quad$ then

$\quad Similarité_{finale}(c, c') = \omega_{LA} \cdot sigmoid(x - 0.5) + (1 - \omega_{LA}) \cdot y$;

else

$\quad Similarité_{finale}(c, c') = \omega_{LA} \cdot x + (1 - \omega_{LA}) \cdot y$;

Retourner $Similarité_{finale}(c, c')$;

Fin

Exemple 2 : Comme exemple de similarité structurelle, nous considérons les deux ontologies suivantes dont chacun décrivant le concept Humain d'une façon différente :

$\qquad \boldsymbol{Description_{contexte}(HommeSportif_{O_1})}$

$\qquad\qquad\qquad = [(nom, \textbf{cardinality} = \textbf{1}), (prenom, \textbf{minCardinality}$

$\qquad\qquad\qquad \geq \textbf{1}), (\text{estMarieA}, \textbf{minCardinality}$

$\qquad\qquad\qquad \geq \textbf{0}), (\text{activite}, \textbf{someValuesFrom}), (\text{habiteA}, \textbf{cardinality} = \textbf{1})]$

$\qquad \boldsymbol{Description_{contexte}(Homme_{O2})}$

$\qquad\qquad\qquad = [(nom, \textbf{cardinality} = \textbf{1}), (prenom, \textbf{minCardinality}$

$\qquad\qquad\qquad \geq \textbf{1}), (\text{epouxDe}, \textbf{minCardinality} \geq \textbf{1}), (\text{activiteVacance}, \textbf{minCardinality}$

$\qquad\qquad\qquad \geq \textbf{0}), (\text{habiteA}, \textbf{minCardinality} \geq \textbf{0})]$

Première ontologie: O₁

```
<?xml version="1.0" encoding="ISO-8859-1"?>...
<!-- Défintion des classes -->
<owl:Class rdf:ID=" HommeSportif ">
<rdfs:subClassOf> <owl:Restriction>
<owl:onProperty rdf:resource="#nom" />
<owl:cardinality rdf:datatype="&xsd;nonNegativeInteger">1</owl:cardinality>
</owl:Restriction> </rdfs:subClassOf>
<rdfs:subClassOf> <owl:Restriction>
<owl:onProperty rdf:resource="#prenom" />
<owl:minCardinality rdf:datatype="&xsd;nonNegativeInteger">1</owl:minCardinality>
</owl:Restriction> </rdfs:subClassOf>
<rdfs:subClassOf><owl:Restriction>
<owl:onProperty rdf:resource="#estMarieA"/>
<owl:minCardinality rdf:datatype="&xsd;nonNegativeInteger">0</owl:minCardinality>
</owl:Restriction></rdfs:subClassOf>
<rdfs:subClassOf><owl:Restriction>
<owl:onProperty rdf:resource="#activite" />
<owl:someValuesFrom rdf:resource="#Sport"/>
</owl:Restriction></rdfs:subClassOf>
<rdfs:subClassOf><owl:Restriction>
<owl:onProperty rdf:resource="#habiteA" />
<owl:cardinality rdf:datatype="&xsd;nonNegativeInteger">1</owl:cardinality>
</owl:Restriction></rdfs:subClassOf>
</owl:Class>
```

Deuxième ontologie: O₂

```
<?xml version="1.0" encoding="ISO-8859-1"?>...
<!-- Défintion des classes -->
<owl:Class rdf:ID="Homme">
<rdfs:subClassOf><owl:Restriction>
<owl:onProperty rdf:resource="#nom" />
<owl:cardinality rdf:datatype="&xsd;nonNegativeInteger">1</owl:cardinality>
</owl:Restriction> </rdfs:subClassOf>
<rdfs:subClassOf> <owl:Restriction>
<owl:onProperty rdf:resource="#prenom" />
<owl:minCardinality rdf:datatype="&xsd;nonNegativeInteger">1</owl:minCardinality>
</owl:Restriction> </rdfs:subClassOf>
<rdfs:subClassOf><owl:Restriction>
<owl:onProperty rdf:resource="# epouxDe "/>
<owl:minCardinality rdf:datatype="&xsd;nonNegativeInteger">1</owl:minCardinality>
</owl:Restriction></rdfs:subClassOf>
<rdfs:subClassOf> <owl:Restriction>
<owl:onProperty rdf:resource="# activiteVacance " />
<owl:minCardinality rdf:datatype="&xsd;nonNegativeInteger">0</owl:minCardinality>
</owl:Restriction></rdfs:subClassOf>
<rdfs:subClassOf><owl:Restriction>
<owl:onProperty rdf:resource="#habiteA" />
<owl:minCardinality rdf:datatype="&xsd;nonNegativeInteger">0</owl:minCardinality>
</owl:Restriction></rdfs:subClassOf>
</owl:Class>
```

L'évaluation de la similarité des noms des propriétés et le lien relationnel entre leurs types de restrictions sont montrées dans le *Tableau 11* et le *Tableau 12*.

Remarque : Pour raison de simplicité de calcul nous considérons que l'algorithme n'utilise pas le dictionnaire WordNet, et que la valeur de radius est égale à 2, et que la stratégie de combinaison choisie est la fonction sigmoïde.

$Similarité_{Nom}(Description_{contexte}(HommeSportif_{O_1}), Description_{Contexte}(Homme_{O2}))$					
$Similarité_{Nom}$	nom	prenom	estMarieA	activite	habiteA
nom	1.0	0.0	0.0	0.0	0.0
prenom	0.0	1.0	0.0	0.0	0.0
epouxDe	0.0	0.0	0.0	0.0	0.0
activiteVacance	0.0	0.0	0.0	0.5	0.0
habiteA	0.0	0.0	0.0	0.0	1.0

Tableau 11. Evaluation de similarité des noms concernant les propriétés de $HommeSportif_{O_1}$ et de $Homme_{O2}$

$Restriction_{Type}(Description_{contexte}(HommeSportif_{O_1}), Description_{contexte}(Homme_{O2}))$					
$Restriction_{Type}$	cardinality = 1	minCardinality ≥ 1	minCardinality ≥ 0	someValuesFrom	cardinality = 1
cardinality = 1	1.0	1.0	0.5	1.0	1.0
minCardinality ≥ 1	1.0	1.0	0.5	1.0	1.0
minCardinality ≥ 1	1.0	1.0	0.5	1.0	1.0
minCardinality ≥ 0	0.5	0.5	1.0	0.5	0.5
minCardinality ≥ 0	0.5	0.5	1.0	0.5	0.5

Tableau 12. Evaluation de lien relationnel entre les types de restrictions concernant les propriétés de $HommeSportif_{O_1}$ et de $Homme_{O2}$

La similarité structurelle :

$Similarité_{structurelle}(Description_{contexte}(HommeSportif_{O1}), Description_{contexte}(Homme_{O2}))$ est évaluée en utilisant la $Similarité_{Nom}$ et $Similarité_{structurelle}$ d'après la définition de la fonction montrée dans la Fonction-6.

$$Similarité_{structurelle}(Description_{contexte}(HommeSportif_{O1}), Description_{contexte}(Homme_{O2}))$$
$$= (2.75/25). 1,89 = 0.20$$

Complétons l'exemple 2, vue précédemment, en calculant la similarité finale de deux concepts $HommeSportif_{O_1}$ et $Homme_{O2}$. Prenons ;

- $\omega_{LA} = 0.5$ en assurant que la mesure linguistique et la mesure structurelle ont le même impact pendant le calcul de la mesure finale.

- $y = 0.20$ *(Similarité$_{structurelle}$ calculée précédémment).*

$$Similarite_{finale}(HommeSportif_{O_1}, Homme_{O2}) = 0.5 \cdot 0.5 + (1 - 0.5) \cdot 0.20 = 0.35$$

En utilisant la *Fonction-3* comme une approche pessimiste, on obtient les résultats suivants :

$$Similarité_{structurelle}\big(Description_{contexte}(HommeSportif_{O1}), Description_{contexte}(Homme_{O2})\big)$$
$$= (2.62/25).1,89 = 0.19$$
$$Similarite_{finale}(HommeSportif_{O_1}, Homme_{O2}) = 0.5 \cdot 0.25 + (1 - 0.5) \cdot 0.19 = 0.22$$

La contribution originale de notre nouvelle technique d'alignement d'ontologie est que notre algorithme est capable de découvrir sémantiquement des correspondances entre concepts, sans exiger une description complète et une procédure d'alignement entre ontologies indépendantes. Donc il est utile pour les ontologies lourdes qui contiennent des centaines de concepts.

Être basé sur l'information linguistique seulement et sur la définition des propriétés, un niveau plus exact d'alignement est fait en prenant en considération les informations sur la structure locale des entités des ontologies, contenues dans leurs descriptions, pour déduire la similarité entre les entités.

II.6.3 Métriques d'évaluation d'alignement

Les mesures de *Précision, Rappel, Fallout* et *Fmeasure* [Do et al., 2002] ont été des métriques largement exploitées pour évaluer la qualité des alignements obtenus. Le EON[23] "Evaluation of Ontology-based Tools" [EON, 2004, EON, 2006, Euzenat *et al.,* 2006] retient ces mesures pour l'évaluation de la qualité de l'alignement. L'objectif principal de ces mesures est l'automatisation du processus de comparaison des méthodes d'alignement ainsi que l'évaluation de la qualité des alignements produits. La première phase dans le processus d'évaluation de la qualité de l'alignement consiste à résoudre le problème manuellement. Le résultat obtenu manuellement est considéré comme l'alignement de référence.

La comparaison du résultat de l'alignement de référence avec celui de l'appariement obtenu par la méthode d'alignement produit six ensembles : N_{found} , $N_{expected}$ et TP (True Postives) FP (False Positives), FN (False Negatives) et TN (True Negatives) (voir figure 40). L'ensemble N_{found} représente les paires alignées avec la méthode d'alignement. L'ensemble $N_{expected}$ désigne l'ensemble des couples appariés dans l'alignement de référence. L'ensemble TP (True Positives) est l'intersection des deux ensembles N_{found} et $N_{expected}$, il représente l'ensemble des paires appartenant à la fois à l'alignement obtenu et l'alignement de référence et est calculé ainsi :

$$TP = N_{found} \cap N_{expected} \tag{22}$$

---

[23] http ://oaei.ontologymatching.org/2004/Contest/ et http ://km.aifb.unikarlsruhe. de/ws/eon2006

Les correspondances *incorrectes trouvées* par un système d'alignement sont appelées FP (False Positives) et sont calculées ainsi :

$$FP = N_{found} - (N_{found} \cap N_{expected})$$ (23)

Les correspondances *correctes omises* par un système d'alignement sont appelées FN (False Negatives) et sont calculées ainsi :

$$FN = N_{expected} - (N_{found} \cap N_{expected})$$ (24)

Soit *M* l'ensemble des correspondances possibles entre deux ontologies, les correspondances *incorrectes non trouvées* par un système d'alignement sont appelées *TN* (True Negatives) et sont calculées ainsi :

$$TN = M - N_{found} \cap N_{expected}$$ (25)

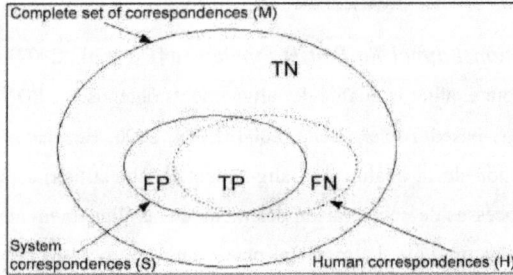

Figure 40. Les différents types de correspondances [Yatskevich et al., 2007]

La *précision* est le rapport du nombre de paires pertinentes trouvées, *i.e.*, "TP ", rapporté au nombre total de paires $(TP + FP)$ trouvées par le système, *i.e.*, "N_{found} ". Il renvoie ainsi, la partie des vraies correspondances parmi celles trouvées. Ainsi, la fonction *précision* est définie par :

$$précision = \frac{|TP|}{|TP+FP|} = \frac{N_{found} \cap N_{expected}}{N_{found}}$$ (26)

Le *rappel* est le rapport du nombre de paires pertinentes trouvées, "TP", rapporté au nombre total de paires pertinentes $(TP + FN)$, *i.e.*,"$N_{expected}$ ". Il spécifie ainsi, la part des vraies correspondances trouvées. La fonction *rappel* est définie par :

$$rappel = \frac{|TP|}{|TP+FN|} = \frac{N_{found} \cap N_{expected}}{N_{expected}}$$ (27)

La mesure *Fallout* permet d'estimer le pourcentage d'erreurs obtenu au cours du processus d'alignement. Elle est définie par le rapport des paires erronées, "$(N_{found} - TP)$", rapporté au nombre total des paires trouvées, "N_{found} ", *i.e.*,

$$Fallout = \frac{FP}{FP+TP} = \frac{N_{found} - (N_{found} \cap N_{expected})}{|N_{found}|} \tag{28}$$

La mesure *Fmeasure* est une moyenne harmonique. Cette mesure combine la *précision* et le *rappel*. La mesure *Fmeasure* est définie par [EON, 2004] :

$$Fmeasure = \frac{2 \times précision \times rappel}{précision + rappel} \tag{29}$$

Une autre mesure de la qualité de l'alignement et qui combine le rappel et la précision : *l'overall* qui se calcule de la manière suivante :

$$overall = rappel \times \left(2 - \frac{1}{précision}\right) \tag{30}$$

L'overall peut prendre des valeurs négatives si le nombre de fausses correspondances (FP) trouvées par le système d'alignement dépasse le nombre de correspondances correctes (TP) trouvées par le système (voir figure 41). Dans la plupart des cas l'overall est plus petit que le rappel et la précision, ce qui rend difficile d'atteindre un overall supérieur à 0.5 [Do et Rahm., 2002b].

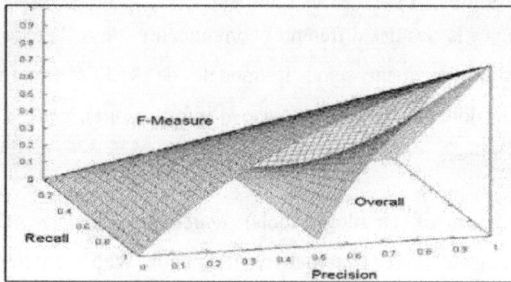

Figure 41. F-Measure et Overall fonctions de la Précision et du Rappel [Do et Rahm., 2002b]

Remarque : le problème majeur dans l'opération d'évaluation d'un système d'alignement automatique est qu'il dépend de *l'alignement manuel de référence* (noté $N_{expected}$). Cet alignement est : (1) *subjectif* et il est propre à chaque personne, puisqu'il est basé sur la capitale connaissance et de l'intuition de l'évaluateur (même si, souvent, il a recours à un thésaurus pour les définitions des concepts des ontologies), (2) *dépendant de la taille des deux ontologies à aligner*, plus les ontologies sont grandes, plus l'alignement manuel devient difficile voire impossible à réaliser, en plus, de l'augmentation de la probabilité de commettre des erreurs.

II.6.4 Conférences pour l'évaluation des systèmes d'alignement des ontologies

Depuis 2004, les chercheurs en alignement des ontologies, avec le nombre croissant des systèmes automatiques d'alignement, organisent des campagnes annuelles d'évaluation appelées : OAEI « Ontology Alignment Evaluation Initiative » [24]dont l'objectif est de :

- Mettre en évidence les forces et les faiblesses de ces systèmes,
- Comparer les performances des différentes techniques,
- Favoriser la communication entre les développeurs de ces systèmes,
- D'une manière générale, faire progresser la recherche dans le domaine de l'alignement des ontologies.

En plus de OAEI, d'autres manifestations scientifiques sont dédiées au domaine de l'évaluation des algorithmes et outils d'alignement des ontologies telles que :

- *The Information Interpretation and Integration Conference* (I3CON),[25]son objectif est de créer un cadre commun pour l'évaluation des outils d'interprétation et d'intégration des schémas/des ontologies issues des différentes communautés de recherche dans une compétition entre les systèmes d'alignement selon le modèle de TREC[26] (qui a permis de grandes progressions dans le domaine de la recherche d'informations), cette évaluation concerne la comparaison d'algorithmes d'alignement sur des cas réels.

- *The EON*[27] (Evaluation of Ontology tools) *Ontology Alignment Contest*, qui se tient généralement en marge d'*ISWC* (International Semantic Web Conference). Cette campagne fournit aux participants un cadre commun pour évaluer un certain nombre d'outils d'alignement, comme des paires d'ontologies en OWL appartenant à un domaine précis.

---

[24] http://oaei.ontologymatching.org

[25] http://www.atl.lmco.com/projects/ontology/I3CON

[26] http://trec.nist.gov

[27] http://co4.inrialpes.fr/align/Contest

III. Expérimentations

III.1. Sélection des ontologies d'application

Il existe deux catégories d'évaluation des systèmes d'alignement, basé sur le type de benchmark choisi : [Euzenat et al., 2007a]

1. « *les benchmarks de compétence* » : composés de plusieurs unités de tests qui caractérisent une situation définie et permettent de mettre en évidence les aptitudes d'un système d'alignement en particulier ;

2. « *les benchmarks de performance ou les benchmarks de comp*araison» : permettent de comparer les performances de différents systèmes d'alignement sur la base de situations du monde réel.

Notre étude comparative s'inscrit dans le cadre du 2ème type d'évaluation, à savoir : les benchmarks de performance ou de comparaison. Étant donné que notre travail de recherche se situe dans le domaine de l'alignement des ontologies, il s'agira dans cette partie, de sélectionner *les ontologies* qui constitueront nos benchmarks de performance ou de comparaison.

III.1.1. Critères de sélection des ontologies

« Une ontologie ne peut être construite que dans le cadre *d'un domaine précis de la connaissance*, parce que beaucoup de termes n'ont pas le même sens d'un domaine à l'autre, et qu'une sémantique *non ambigüe* doit être intégrée à l'ontologie. Un domaine de connaissances est donc constitué par les objets du domaine et par un contexte d'usage de ces objets » [Bachimont, 1999]. Donc « les ontologies vont permettre de spécifier les connaissances d'un domaine, de façon aussi indépendante que possible du type de manipulation qui vont être opérées sur ces connaissances. Ces ontologies sont appelées *ontologies de domaine*, puisqu'elles sont construites sur un domaine particulier de la connaissance » [Fürst, 2002]. De plus, « *la plupart* des systèmes d'alignement sont *spécifiques* à un domaine d'application tel que les livres, la musique, etc. et ne manipulent qu'un seul type de structure comme les schémas relationnels ou les ontologies OWL » [Euzenat et shvaiko., 2007]. De ce qui précède, il apparaît clairement qu'il est préférable de sélectionner le même type de structure (en l'occurrence, des ontologies) décrivant le même domaine pour mieux adhérer aux aptitudes des systèmes d'alignement développés jusque là. Nous optons donc pour la sélection d'ontologies d'application[28] pour réaliser cette étude.

---

[28] Voir annexe A pour la typologie des ontologies selon la spécificité

« Pour réussir un alignement manuel il faut **bien comprendre** les ontologies à aligner »[29], par conséquent, la personne la plus apte pour réaliser un alignement de qualité entre deux ontologies décrivant le même domaine est l'expert de ce domaine.

Nous nous sommes orientés tout naturellement vers le domaine de recherche, *de la compagne OAEI 2012* en s'intéressant aux ontologies des tests *benchmark* et *Anatomy*.

D'après une enquête publiée dans [Falconer et al., 2007] , et en réponse à une question sur les langages de spécification des ontologies les plus utilisées dans le contexte d'alignement des ontologies, *OWL* (Ontology Web Language)[30,31] s'est classé largement en tête de liste (voir figure 42).

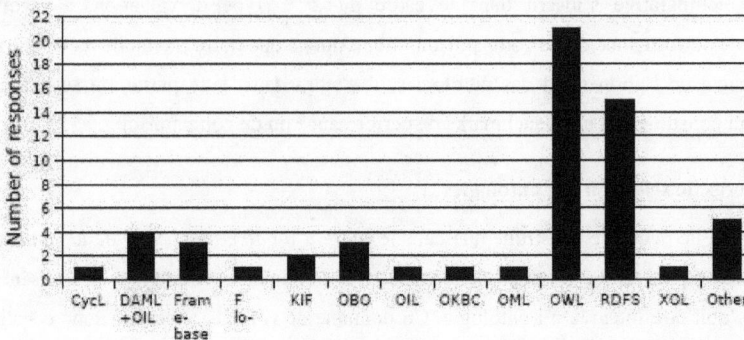

Figure 42. Résultats d'une enquête sur les langages de spécification des ontologies à aligner
[Falconer et al., 2007]

III.1.2. Description des ontologies sélectionnée

Depuis 2005, la base de données originale de la compétition OAEI a été légèrement modifiée, les deux campagnes de 2011 et 2012 contenaient d'autres ensembles de données qui ont été générés automatiquement [Rosoiu et al., 2011]. Pour évaluer notre approche, nous avons utilisé des données des tests *benchmark* et *Anatomy* de la campagne OAEI 2012, qui met l'accent sur l'évolutivité (scalablity), c'est-à-dire la capacité des matchers de faire face aux ontologies de taille variante. Le test *benchmark* est subdivisé en cinq sous test à savoir le test *biblio*, le test *finance* et les tests *benchmark* 2 de à 4 [Djeddi et Khadir., 2013].

---

[29] Une recommandation de Mr Jerome.Euzenat@inrialpes.fr en réponse à la question « comment réussir un alignement manuel » (email reçu le 08/06/2009).

[30] Voir annexe A pour la typologie des ontologies selon la spécificité comparative.

[31] Voir annexe A pour les différentes déclinaisons d'OWL

Nous avons testé notre algorithme sur les bases de tests *biblio* et *finance* qui sont ouverts (open mode) (alignement de référence est connu d'avance), mais les autres tests sont exécutés en blind mode (alignement de référence n'est pas connu- les participants envoient leurs suggestions d'alignement aux organisateurs de la compétition qui évaluent la performance). Le tableau 13 en dessous résume l'information sur la taille des ontologies pour les tests *biblio* et *finance*.

Ensemble de Tests	Test biblio	Test finance
	Taille des Ontologies	
Classes+ propriétés	97	633
Instances	112	1113
Entités	209	1746

Tableau 13. Statistiques du test benchmark (OAEI 2012)

Le test *Anatomy* consiste à aligner l'ontologie *Adult Mouse Anatomy* [Hayamizu et al., 2005] (2744 classes) et l'ontologie *NCI Thesaurus* [Sioutos et al., 2007] (3304 classes) décrivant l'anatomie humaine. Ces deux ressources font partie des ontologies biomédicales ouvertes (OBO : Open Biomedical Ontologies). L'alignement entre ces ontologies a été créé par des experts du domaine [Bodenreider et al., 2005], et se compose de 1520 correspondances. XMap++ utilise WordNet pour calculer avec plus de précision la distance lexicale entre les entités médicales. Le tableau 14 résume les informations sur les tailles de deux ontologies appartenant au test *Anatomy*.

		Source	cible	Comparaison
OAEI Anatomy	nœuds	2,746	3.306	9 million
	Paths	12,362	39,001	468 million

Tableau 14. Statistiques du test Anatomy (OAEI 2012)

Note : nous utilisons les résultats de l'outil d'alignement CIDER de la compagne OAEI 2011 du test *Anatomy*, car CIDER utilise également un ANN dans le processus d'alignement des ontologies, pour sélectionner les algorithmes les plus appropriés lors du matching de deux ontologies d'un domaine donné.

III.2. Sélection du représentant des systèmes d'alignement

D'après [Shvaiko et Euzenat., 2006], il existe plus de cinquante systèmes d'alignement automatique. Cet état de fait, implique qu'il faut déterminer des critères de sélection qui faciliteront la désignation d'un système d'alignement syntaxique. Ces critères sont adaptés de [Mochol et al., 2006] selon AHP « Analytical Hierarchy Process » qui préconise *la sélection du système d'alignement en fonction des caractéristiques des schémas ou ontologies à aligner « problem matching »*, afin de maximiser les chances d'obtenir un alignement de bonne qualité :

Les caractéristiques liées à l'input	
Type	**Le type de l'input,** s'agit-il d'un schéma XML, d'un schéma relationnel ou d'une ontologie ? en l'occurrence, c'est un alignement d'ontologies ;
Langage	Le langage dans lequel est exprimé l'input : il s'agit d'OWL[32] ;
Taille	*«La taille de l'ontologie* [33] *est déterminée par le nombre de primitives ontologiques (concepts, propriétés, axiomes et instances) à aligner »* [Mochol et al., 2006]. Dans notre cas, nous prendrons, des ontologies de petite taille, moyenne (finance) et grande (Anatomy) ;
Informations auxiliaires	L'utilisation des informations auxiliaires ou des ressources externes telles que les thésaurus, nous considérons que c'est préférable pour aider à lever les ambiguïtés.
Les caractéristiques liées au système lui-même	
Fonction principale	**La fonction principale du système,** un système qui réalise un alignement et pas une transformation, une intégration, une fusion, etc. (Voir précisions terminologiques dans le glossaire) ;
Type d'entité	**Le type d'entité sur lequel est basée le système :** étant donné que les ontologies sélectionnées comprennent un grand nombre d'instances (nombre significatif), nous tiendrons compte des systèmes basés sur les instances ;
Techniques d'alignement	**Individuelles ou combinées?** Nous privilégions les systèmes qui combinent différentes techniques: *«To achieve high match accuracy for a large variety of schemas, a single technique (e.g., name matching) is unlikely to be successful. Hence, it is necessary to combine different approaches in an effective way»* [Do et Rahm., 2002a], ou encore « *No single technique gives an ideal solution, different techniques have to be selected/combined, depending on the application case* » [Isaac, 2007]; **Le niveau des techniques :** niveau élément et/ou niveau schéma, nous pensons qu'il est préférable de choisir des systèmes qui traitent les alignements aux deux niveaux, élément et schéma ;
Stratégie du système	**La stratégie du système :** dont : -« The White box paradigm » : exécution semi-automatique, qui permet l'intervention de l'utilisateur. - « The Black box paradigm » : exécution totalement automatique sans intervention humaine. Pour notre part, nous favoriserons les systèmes qui permettent l'intervention de l'utilisateur afin de voir l'impact des différents paramètres sur les résultats de l'alignement.

[32] Voir annexe A pour les différentes déclinaisons d'OWL

[33] Moins de 100 primitives : petite ontologie, entre 100 et 1000 primitives : ontologie de taille moyenne et au-delà de 1000 primitives : ontologie de grande taille [Mochol et al., 2006].

Les caractéristiques liées à l'output	
Type d'output	doit être constitué d'alignements (un ensemble de correspondances), les autres possibilités d'output sont : une ontologie générée par la fusion des ontologies en entrée, un ensemble d'axiomes ou de règles pour exprimer des requêtes ou encore un médiateur, etc.
Format d'output	l'idéal est que le format produit corresponde au format de l'AlignementAPI[34] qui est le format adopté dans les conférences dédiées à l'évaluation des systèmes d'alignement automatique, la plupart des systèmes produisent des alignements dans leurs formats internes (liste d'URIs, tableaux, etc.).

Remarque : il existe d'autres caractéristiques qui pourraient être prises en considération pour la sélection des systèmes, telles que :

Les caractéristiques secondaires	
La documentation	qui accompagne le système d'alignement en matière de disponibilité, de clarté, de qualité, de disponibilité des exemples, etc.
Le coût	lié à l'acquisition de la licence d'utilisation du système d'alignement, bien que jusqu'à présent, et à notre connaissance, tous les systèmes sont au stade des prototypes et sont disponibles sur le web pour encourager les éventuelles évaluations dans l'objectif d'améliorer la qualité des services rendus par ces systèmes.

Suite au filtrage selon les critères énoncés précédemment, nous avons choisi les systèmes de la compétition OAEI 2012, pour représenter les systèmes d'alignement à comparer avec notre outil XMap++.

---

[34] Disponible : http://gforge.inria.fr/frs/?group_id=117

IV. Alignement des ontologies

L'alignement manuel (de référence) doit se faire sur la base[35]

- des connaissances de l'expert du domaine des ontologies ;
- des définitions fournies par les thésaurus lexicaux tels que WordNet ;
- L'intuition de la personne qui réalise l'alignement, Mr J.Euzenat dit que « *si le problème de l'alignement est soumis à deux personnes différentes vous obtiendrez deux alignements différents qui ne sont pas forcément exempts d'erreurs* ».

Pour pallier à *la subjectivité* de cet alignement manuel, l'idéal serait de disposer :   d'une ontologie de référence du domaine de connaissances des ontologies à aligner, afin de lever le voile sur les ambiguïtés concernant les différentes significations possibles d'un terme. Un exemple de ce type d'ontologie pour le domaine de l'anatomie humaine «The FMA ontology» qui est considérée comme telle car elle répond à un certain nombre de critères, comme le fait de couvrir une partie considérable de ce vaste domaine de connaissances mais aussi d'autres caractéristiques décrites en détail dans [Zhang et Bodenreider., 2005]. Ou encore d'alignements de référence entre les ontologies d'un même domaine fournis, par exemple, par les campagnes d'évaluation des systèmes automatiques d'alignement.

Remarque : un alignement manuel est toujours discutable, néanmoins, il doit être harmonieux et répond au même raisonnement pour tous les alignements produits.

Démarche suivie

Nous disposons de deux ontologies : O_1 et O_2 à aligner. Les systèmes d'alignement sélectionnés ainsi que la plupart des systèmes automatiques existants alignent les ontologies par paire (deux par deux), donc nous réaliserons ce multi-alignement d'ontologies comme le montre la figure 43 :

Figure 43. Ordre des alignements.

---

[35] Critères définis par Mr Jerome.Euzenat@inrialpes.fr en réponse à la question « comment réussir un alignement Manuel » (email reçu le 08/06/2009).

IV.1 Résultats d'alignement des ontologies

IV.1.1 Mise en œuvre et Configuration

XMap ++ est implémenté comme un PlugIn sous Protégé[36] (voir section VI.1.2.). De plus, les paramètres pris par notre algorithme (e.g. poids, seuils et la valeur de radius) ont été mis au point en fonction du type d'informations contenues dans les ontologies à alignée. Le thésaurus WordNet (version 2.1) est éventuellement utilisé pour calculer les similarités lexicales entre chaque paire d'entité de deux ontologies (classes et propriétés), afin de dériver des mesures de similarité sémantique. Enfin pour créer et manipuler les réseaux de neurones nous utilisons le framework Encog[37]. Toutes les expériences ont été effectuées sur une machine fonctionnant sous Windows XP (SP3) avec RAM 3Go, 2.6GHz Intel (R) Core (TM) 2 CPUs.

IV.1.2 L'amélioration induite par l'ajout d'un RNA dans XMap++ (test de Benchmark)

Comme le montre le tableau 15, une comparaison directe entre XMap++ sans RNA et XMap++ avec RNA, montre que l'ajout du Réseau de Neurones (Perceprtron multi Couche) conduit à des résultats légèrement meilleurs en termes de temps d'exécution et de précision.

Ces résultats indiquent également que la nouvelle approche conduit à un meilleur recall. Cela se traduit par un pourcentage d'amélioration de 3% et 14% pour le F-measure du test benchmark (biblio) et du test Finance respectivement, de plus le temps d'exécution était moins de 9 secondes pour le test benchmark (biblio), et moins de 6 minutes pour le test Finance.

---

[36] Protégé is a free, open source ontology editor and knowledge-base framework (http://protege.stanford.edu/)

[37] http://www.heatonresearch.com/encog

Outil de Matching	Benchmark (biblio)		Finance	
	F-measure	Temps	F-measure	Temps
CIDER	0.74	3030	0.67	166140
N-XMap++	0.71	8	0.75	240
XMap++	0.68	8	0.61	230
YAM++	0.83	108	0.9	386
MapSSS	0.87	21	0.83	82841
AROMA	0.77	8	0.72	77
WeSeE	0.69	411	0.7	5163
GOMMA	0.67	17	0.66	59
HotMatch	0.66	13	0.67	522
Hertuda	0.68	9	0.62	452
Wikimatch	0.62	577	0.62	4350
LogMapLt	0.59	6	0.66	35
ServOMap	0.58	12	0.63	64
Optima	0.63	188	0.56	8243
AUTOMSv2	0.69	58	0.39	1535
LogMap	0.56	15	0.63	54
MEDLEY	0.54	67	to	to
MaasMatch	0.56	24	0.59	833
ASE	0.51	26	na	na
ServOMapLt	0.33	7	0.51	44

Na: not able to pass this test
To: timeout exceeded

Tableau 15. La comparaison de la F-measure et de temps d'exécution des outils d'alignement d'ontologies sur le test benchmark (biblio) et le test Finance [Djeddi et Khadir., 2013]

IV.1.3 L'amélioration induite par l'ajout d'un RNA en XMap++ (test Anatomy)

Certaines statistiques de l'ontologie Adult Mouse Anatomy (2744 classes) et l'ontologie NCI Thesaurus de test *Anatomy* sont présentées dans le tableau 14 de la section (III.1.2). Les ontologies contiennent environ 3000 concepts chacune. Le nombre de chemins à partir de la racine est beaucoup plus élevé en raison de l'héritage multiple, etc., traduit par environ 470 millions pairs à évaluer par XMap++. La précision de XMap++ en utilisant ANN est indiquée dans le tableau 16.

Étant donné que le vocabulaire fournit un grand nombre d'étiquettes et de synonymes, notre matcher terminologique/ linguistique devait évaluer 2,746 x 3,306 ≈ 9 millions de comparaisons conduisant à un temps d'exécution ≈ 1 h et 32 min, sur une machine à 2 cœurs.

L'identifiant (ID) de classes de deux ontologies à aligner ressemble à « frame2794 » et « frame1746» alors que l'information pertinente est dans l'étiquette. Ces étiquettes sont constituées d'un grand nombre de tokens et parfois ils ne diffèrent que par quelques lettres, par exemple, « fifth » au lieu de « first ». Donc nous attendons à trouver plus de faux positifs que dans le test de *benchmark*. Nous pouvons conclure que XMap++ atteint une grande précision et à faible valeur de rappel. La valeur faible du rappel peut s'expliquer par le fait que WordNet ne contient pas de définitions techniques de termes médicaux, ce qui entraîne l'incapacité de faire aligner des entités qui ne sont pas situées dans la base de données WordNet. L'utilisation d'un thesaurus médical comme UMLS devrait remédier à ce problème.

XMap++ produit un alignement pour les quatre sous-tâches suivantes :

- Solution optimale : l'alignement de la solution optimale est obtenu en utilisant les paramètres par défaut de XMap++. Il a fallu 1 heure et 32 minutes, afin de générer cet alignement.
- Une précision optimale : le seuil (Threshold) d'alignement a été ajusté de 0,5 dans la configuration standard du système, à 0,7. Cela signifie que les correspondances supérieures ou égales au seuil fixé (Seuil= 0,7) sont retenues pour l'alignement. Le temps d'exécution pour la génération de cet alignement était de 1 heure et 16 minutes.
- Rappel optimale : l'alignement optimal avec le rappel est généré en utilisant un seuil de 0%. Il a fallu 2 heures et 24 minutes pour s'exécuter.

XMap++ nécessite ≈ 1 heure et 32 minutes. C'est principalement dû au fait que notre approche utilise la notion de contexte avec une valeur de rayon r = 2 ce qui implique la création d'une matrice M> 9 millions de paires. Environ 10% est le pourcentage d'amélioration de N-XMap++ par rapport XMap++.

Outil de Matching	Temps	Taille	Précision	Rappel	F-measure
CIDER	T	0	-	-	-
N-XMap++	4752	1243	0.883	0.734	0.801
XMap++	4674	1243	0.817	0.626	0.708
GOMMA-bk	15	1543	0.917	0.928	0.923
YAM++	69	1378	0.943	0.858	0.898
CODI	880	1297	0.966	0.827	0.891
LogMap	20	1392	0.920	0.845	0.881
GOMMA	17	1264	0.956	0.797	0.870
MapSSS	453	1212	0.935	0.747	0.831
WeSeE	15833	1266	0.911	0.761	0.829
LogMapLt	6	1147	0.963	0.728	0.829
TOAST*	3464	1339	0.854	0.755	0.801
ServOMap	34	972	0.996	0.639	0.778
ServOMapLt	23	976	0.990	0.637	0.775
HotMatch	672	989	0.979	0.639	0.773
AROMA	29	1205	0.865	0.687	0.766
StringEquiv	-	946	0.997	0.622	0.766
Wmatch	17130	1184	0.864	0.675	0.758
Optima	6460	1038	0.854	0.584	0.694
Hertuda	317	1479	0.690	0.673	0.681
MaasMatch++	28890	2737	0.434	0.784	0.559

T: Le système accompli le matching en plus de 24h

Tableau 16. Comparaison avec la référence d'alignement pour l'Anatomy test, l'exécution est mesurée en seconde, la colonne "taille" désigne le nombre de correspondances dans l'alignement généré [Djeddi et khadir., 2013]

IV.1.4 Comparaison entre N-XMap++ et d'autres systèmes

Comme le montre le tableau 15, pour le test *benchmark*, YAM++, MapSSS, N-XMap++ et AROMA semble générer les meilleurs alignements en termes de F-measure. Nous observons clairement de la figure 44, que pour les tests *Finance*, la plupart des outils ont un temps d'exécution monotone croissant (en particulier lors du redimensionnement de l'ontologie du test *Finance* en réduisant sa taille par différentes portions (25%, 50% et 75%)), qui est en fait ce que l'on prévoit. Il existe des outils qui n'étaient pas capables de traiter le test *Finance* (e.x. MEDLEY et ASE).

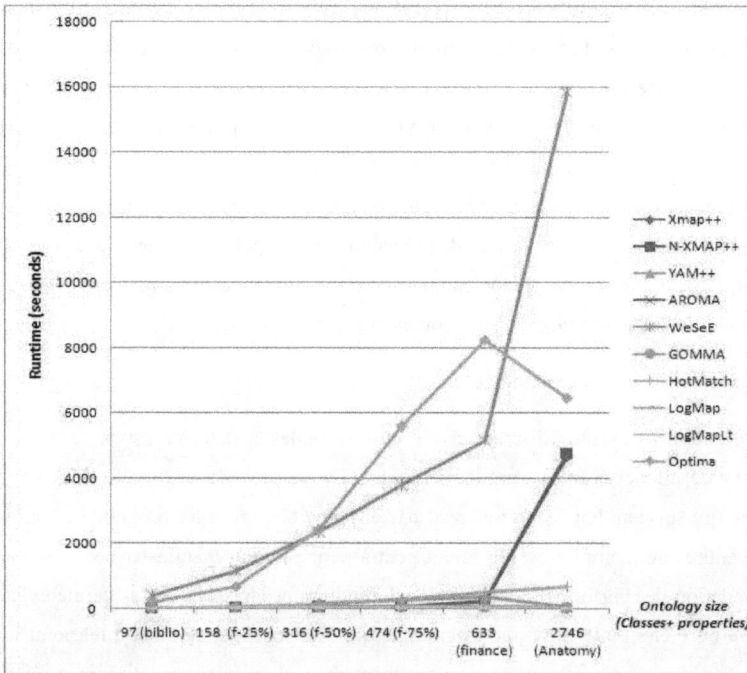

Figure 44. Temps d'exécution sur les tests benchmark Anatomy par systèmes d'alignement d'ontologies

[Djeddi et Khadir., 2013]

Les résultats du tableau 16 montrent le F-measure de XMap++ avec RNA (0. 80) est compétitif par rapport aux performances de ServOMap (0,77), HotMatch (0,77), AROMA (0,76) et Optima (0,69). Tandis que, la précision et le rappel des GOMMA-bk (l'extension "-bk" se réfère à l'utilisation d'une base connaissances) et LogMap sont supérieurs à notre algorithme, car elles exploitent des bases de connaissances spécialisées sur la base du Metathesaurus UMLS qui contient une énorme quantité de termes techniques médicales, menant à des alignements contenant moins de faux positifs (taux de rappel élevé). Le tableau 16 montre également que, ServOMap, GOMMA-bk, GOMMA, LogMap, YAM++, LogMapLt, ServOMap, ServOMapLt et AROMA sont les outils les plus rapides, et sont capables de traiter de grandes ontologies dans un court laps de temps (voir figure 44). Toutefois, trois candidats ASE, AUTOMSv2 et MEDLEY qui n'ont pas pu terminer l'alignement dans un temps précis ou ils ont levé une exception (le processus d'alignement est interrompue).

Le temps d'exécution du test *benchmark* montre que Xmap++ est plus rapide que CIDER. En outre CIDER n'a pas pu être utilisé avec les grandes ontologies (c.-à-d test *Anatomy*), et l'exécution de l'alignement a donné un timeout alors que N-XMap++ nécessite ≈ 1 heure et 32 minutes pour compléter ce processus qui est un défi lorsqu' on utilise un apprentissage dans le processus de mapping.

Comme la montre les deux tableaux 15 et 16, nous concluons qu'il existe une corrélation entre la qualité de l'alignement généré en termes de précision et de rappel et le temps d'exécution requis. Par conséquent, la disponibilité des systèmes multi-core est appliquée d'une manière avantageuse dans notre approche ce qui rend l'alignement parallèle des ontologies très attrayant.

IV.1.5 Contrôler la fuite de mémoire

L'un des problèmes les plus discrets et les plus difficiles à détecter est la fuite de mémoire, l'incapacité à désallouer correctement la mémoire qui a été précédemment allouée. Une petite fuite de mémoire qui survient une seule fois peut passer inaperçue, mais les programmes qui perdent de grandes quantités de mémoire ou qui fuient petit à petit peuvent manifester des symptômes allant d'une dégradation des performances (avec une diminution progressive de ces dernières) au manque de mémoire pure et simple. Pire, un programme qui fuit peut monopoliser à tel point la mémoire qu'il risque de provoquer l'échec d'un autre programme, l'utilisateur ne disposant alors d'aucune piste pour localiser le problème. Par ailleurs, les fuites de mémoire, même sans danger, peuvent être symptomatiques d'autres problèmes.

Plusieurs solutions à suivre sont alors possibles :

- il suffit d'allouer plus de mémoire de notre JVM grâce aux paramètres -Xmx, -Xms et -XX:PermSize (ou de modifier le code pour qu'il gaspille moins de mémoire).

- Utiliser JProfiler[38] comme un outil permettant d'analyser et d'identifier les goulets d'étranglements, les fuites mémoire et les problèmes de threading. Le heap Walker permet d'aider à trouver où se situent les fuites mémoires et de détecter les gaspillages et améliorations possibles de l'utilisation de la mémoire. L'outil ne se contente pas de vous analyser la mémoire, il cherche également où peuvent se situer les fuites ainsi que les optimisations. C'est là le point fort de cet outil.

Nous intéressant à l'alignement complexe de deux grandes ontologies du test *Anatomy* puisqu'il consomme beaucoup de mémoire, et nécessite un temps d'exécution plus ou moins long nous permettant d'analyser la performance de notre algorithme a plusieurs égards.

---

[38] JProfiler permet l'affichage en temps réel des données et permet d'observer le comportement de votre application en cours d'exécution. Les informations CPU, mémoire et thread sont fournies sans latence.

La figure 45 montre que lorsque le processus d'alignement est démarré, une région monolithique de la mémoire (heap) lui est dédiée. Cette région est utilisée pour allouer l'espace nécessaire aux objets de l'application. Lorsque cet espace est plein, le "Garbage Collector" (GC) est lancé afin de supprimer les références aux objets devenus inutiles à l'application et par conséquent libérer de l'espace pour les nouveaux objets. Les objets restants (on les qualifie de « survivants ») sont déplacés afin de reconstituer un bloc compact d'objets (compactage). Ce double travail du GC, identifications des zones à libérer et compactage des objets, peut être extrêmement pénalisant pour les performances de l'application.

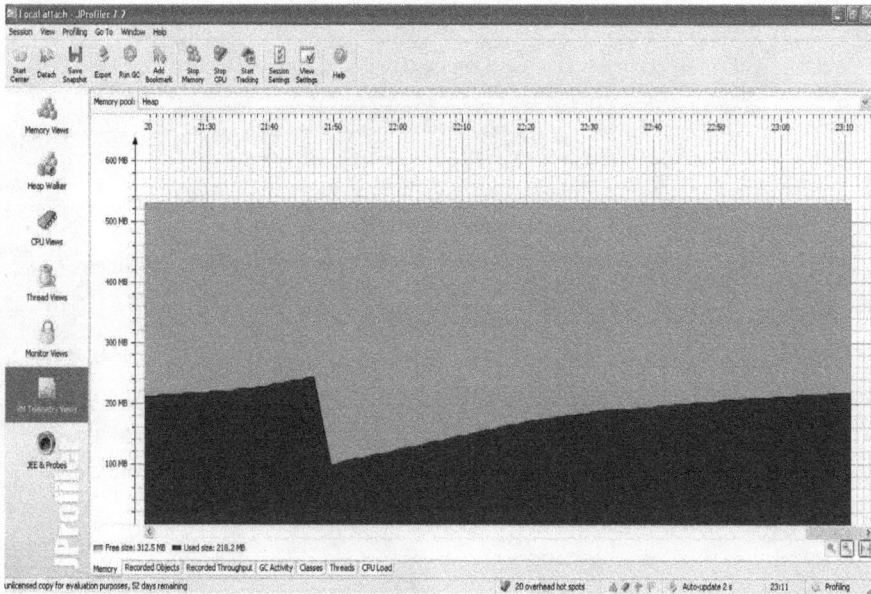

Figure 45. Taille de mémoire consommé par XMap++ en alignant les deux ontologies du test Anatomy

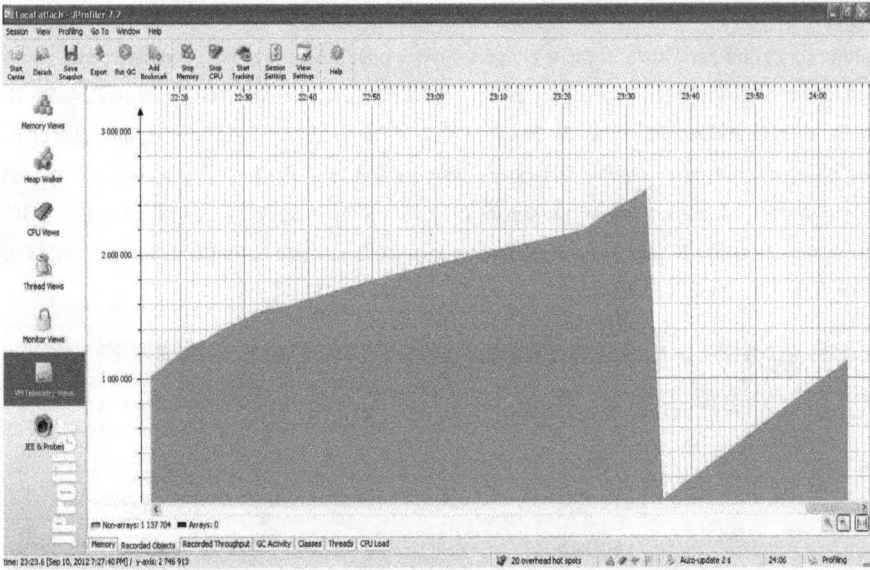

Figure 46. Nombre d'objet utilisé lors de l'alignement des deux ontologies du test Anatomy

Après l'exécution de l'algorithme pendant 1 heure, le phénomène de la fuite mémoire n'a pas été perçu. Nous constatons que le GC nettoie la mémoire par une désallocation de plus en plus grande, tout en respectant l'espace libre dans la JVM. La valeur de heaps est supérieur à 1Go, ce qui représente des arbres de références extrêmement profonds et complexes à cause de nombre qui est supérieur à 3 millions d'objets traités par notre algorithme (voir figure 46).

V. Implémentation

Cette partie sera consacrée à la présentation des outils et environnements utilisés pour l'implémentation de notre algorithme XMAP++.

V.1 Les outils utilisés

V.1.1 Eclipse Ganymede

Nous avons utilisé Eclipse SDK version 3.4.1 pour programmer notre algorithme d'alignement d'ontologie. Eclipse est un IDE, *Integrated Developpment Environment* (EDI environnement de développement intégré en français), c'est-à-dire un logiciel gratuit qui simplifie la programmation en proposant un certain nombre de raccourcis et d'aide à la programmation. Il est développé par IBM, et disponible pour la plupart des systèmes d'exploitation.

Le but est de fournir un outil modulaire capable non seulement de faire du développement en Java, mais aussi dans d'autres langages et d'autres activités. Cette polyvalence est liée au développement de modules (plug-in) réalisés par la communauté ou des entités commerciales.

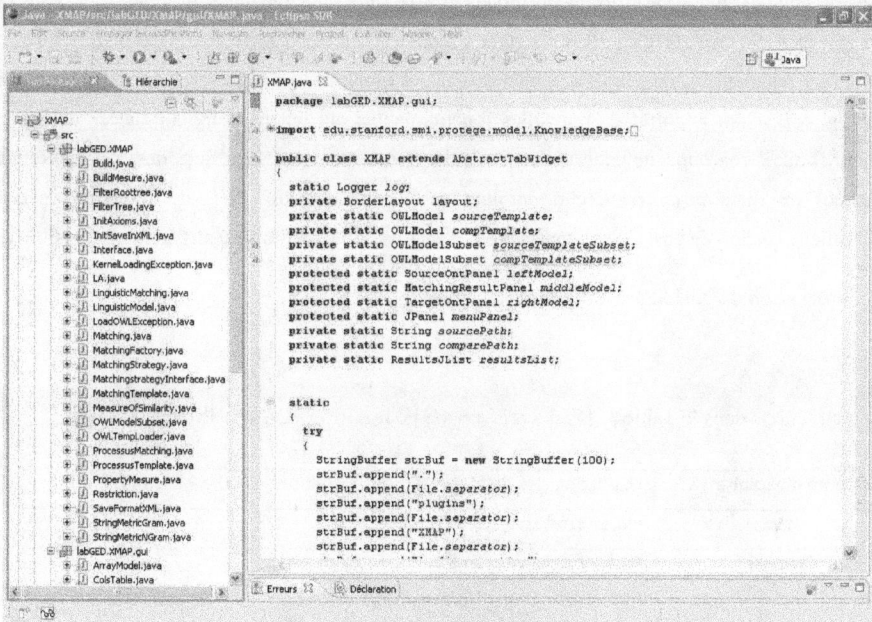

Figure 47. Interface graphique d'Eclipse SDK version 3.4.1

V.1.2. Protégé

De nombreux outils permettent aujourd'hui d'éditer des ontologies. Parmi ceux-ci, quelques-uns essaient de guider leur utilisateur dans l'élaboration de l'ontologie en suivant une méthodologie de conception plus ou moins complète, que ce soit en respectant des principes de cycle de vie et validation logiciels , d'un côté, ou, de l'autre côté, en outillant une réflexion épistémologique. Dans tous les cas, force est de constater qu'aucun des plusieurs outils n'ont réussi à s'imposer à l'exception de *Protégé*, si l'on considère ce dernier non pas comme un simple environnement de construction d'ontologies basé sur les *frames*, mais comme un *framework* logiciel ouvert capable d'intégrer de multiples *plugins* implémentant les nombreuses recherches effectuées autour des ontologies. Protégé est un éditeur qui permet de construire une ontologie pour un domaine donné, de définir des formulaires d'entrée de données, et d'acquérir des données à l'aide de ces formulaires sous forme d'instances de cette ontologie.

Protégé est également une librairie Java qui peut être étendue pour créer de véritables applications à bases de connaissances en utilisant un moteur d'inférence pour raisonner et déduire de nouveaux faits par application de règles d'inférence aux instances de l'ontologie et à l'ontologie elle-même (méta-raisonnement). L'interface, très bien conçue, et l'architecture logicielle permettant l'insertion de plugins pouvant apporter de nouvelles fonctionnalités qui ont participé au succès de Protégé. Aujourd'hui, il regroupe une large communauté d'utilisateurs et bénéficie des toutes dernières avancées en matière de recherche ontologique : compatibilité OWL de référence, services inférentiels, gestion de bases de connaissances, visualisation d'ontologies, alignement et fusion, etc.

V.2 Intégration de XMAP++ dans Protégé 2000

❖ *Exigences*

Les instructions dans le Tableau 17, doivent exister pour utiliser XMAP - Protégé Plugin.

Système d'exploitation	Le plugin a été testé sur Microsoft Windows 2000/XP/Vista/7/8, Linux.
Java	Plateforme Java 1.5/1.6 /1.7
Protégé	A partir de la version 3.1.1 du Protégé (disponible à http://protege.stanford.edu).

Tableau 17. Des exigences pour l'intégration de XMAP++ dans Protégé2000

❖ *Installation*

Pour pouvoir installer XMAP++ dans protégé, on doit suivre les étapes ci-dessous :
1. Télécharger le plugin XMAP++ ;
2. Extrayez les dossiers dans un répertoire temporaire de votre choix ;
3. Déplacez le répertoire XMAP dans le répertoire des plugins de votre logiciel Protégé (e.g C:\Program Files\Protege_3.4\plugins).

❖ *Utiliser XMAP - Protégé Plugin.*

Une fois l'outil du Protégé est démarré vous avez besoin de :
1) Ouvrir un Project OWL ;
2) Activer le Plugin XMAP++ en ouvrirons le menu Project → Configure dans Protégé.

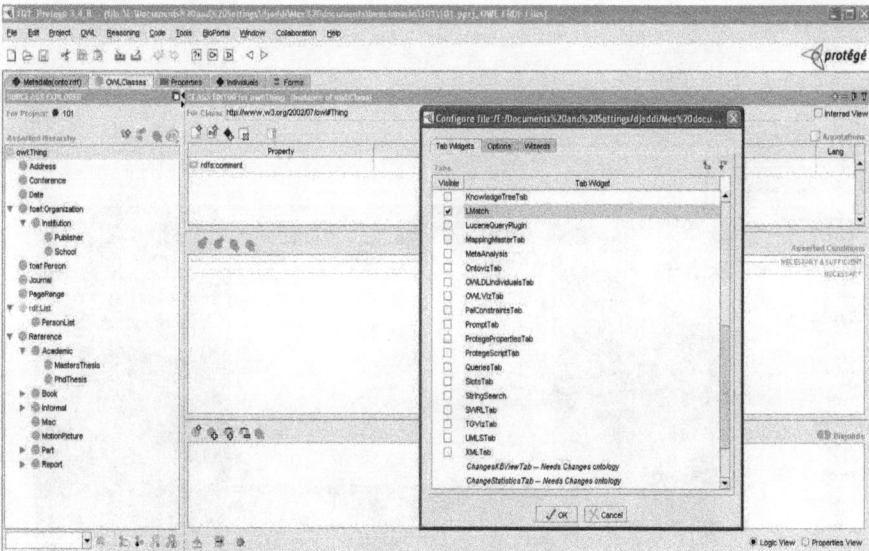

Figure 48. Activation de XMAP++

Une fois ces étapes achevées, on peut visualiser la console XMAP++ dans protégé.

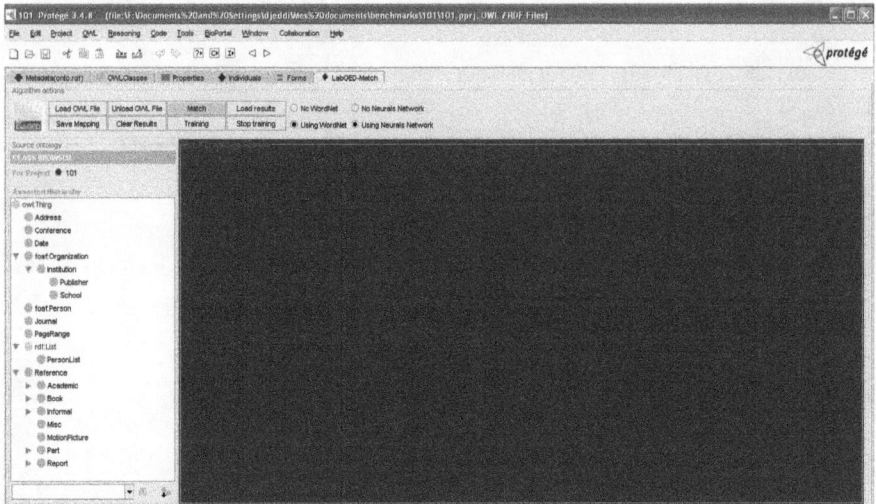

Figure 49. La console XMAP++ dans Protégé

3) En fait, pour exécuter l'application, il suffisait de charger le fichier OWL en appuyant sur le bouton « Load OWL File ».

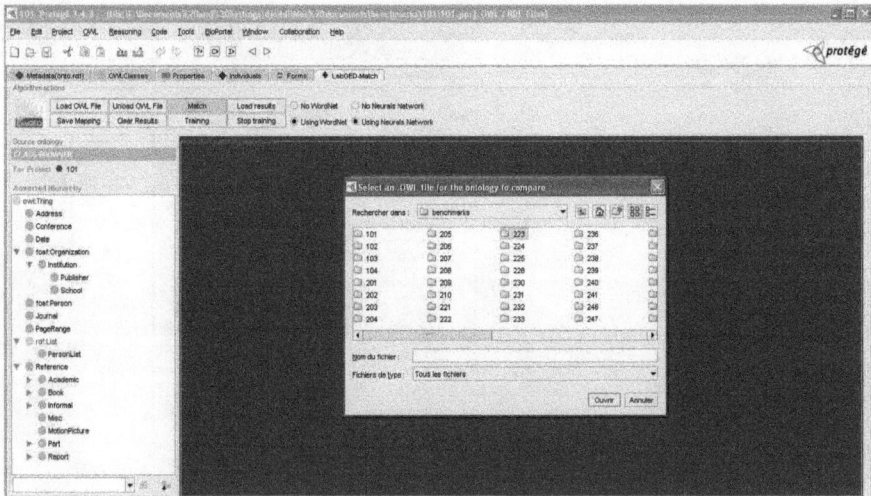

Figure 50. Chargement d'ontologie cible pour faire l'alignement

4) Puis en appuyant sur le bouton « Begin Alignment » une boite dialogue s'affiche, contenant les différents paramètres à choisir tel que le Threshold (seuil) et la stratégie d'alignement.

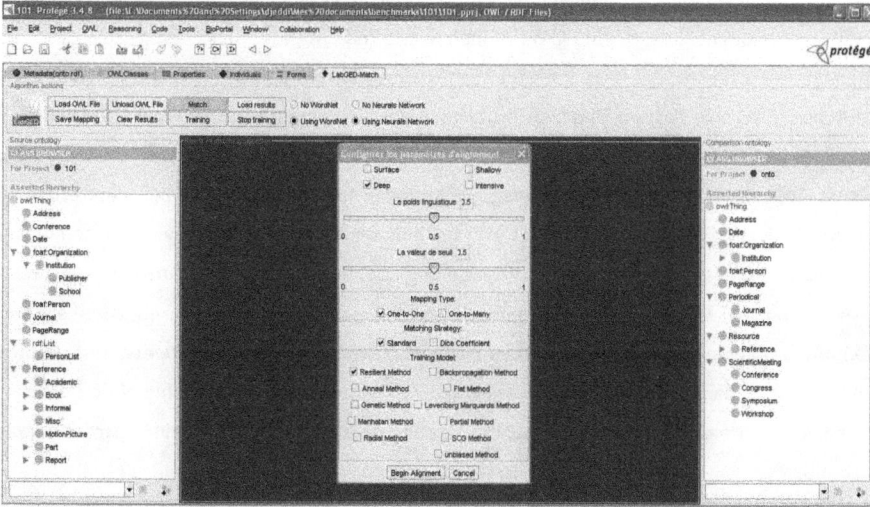

Figure 51. Configuration des paramètres d'alignement

5) Enfin en appuyant sur le bouton « Begin Matching » le processus d'alignement se déclenche et s'affiche sous forme de tableau, dont chaque ligne représente une paire d'entité de deux ontologies avec le coefficient de correspondance estimé.

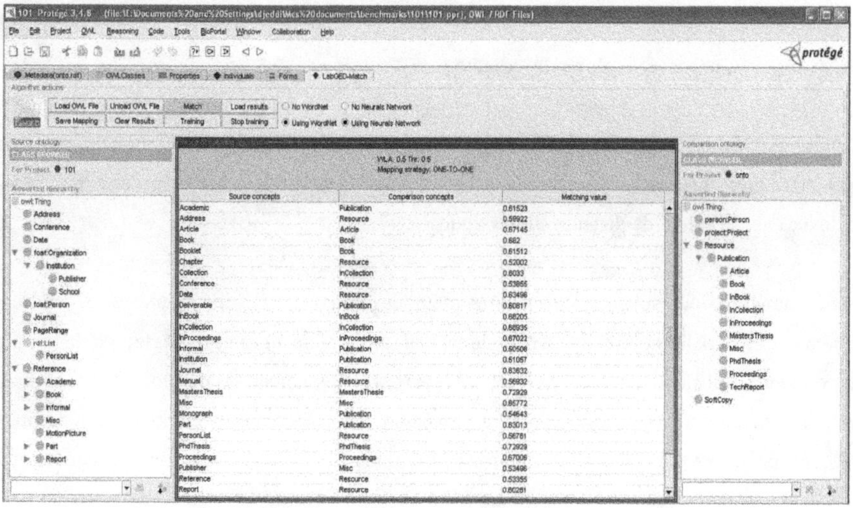

Figure 52. Résultat du processus d'alignement

VI. Conclusion

Dans cet ouvrage, nous avons présenté une nouvelle méthode d'alignement d'ontologies OWL-DL. La nouvelle méthode d'alignement, XMAP++, réalisée permet de rechercher les meilleurs couples à apparier en exploitant leurs graphes OWL-Graph respectifs.

Notre approche est basée sur trois étapes fondamentales : la recherche par le contexte qui constitue un premier filtre afin de remédier aux problèmes des homonymes qui peuvent exister dans les ontologies. La recherche par la combinaison de différentes stratégies de calcul de similarité qui prennent en charge les différents niveaux d'ontologies et qui exploitent plusieurs techniques d'alignement en exploitant la majorité des informations fournies par les ontologies. La combinaison des résultats des différentes similarités (terminologique, structurelle et linguistique) en utilisant plusieurs stratégies d'agrégations disponibles (somme pondérée des poids, fonction sigmoïde, RNA) afin d'obtenir l'alignement final. Les résultats obtenus sont très prometteurs, plus pertinents et plus fiables du fait de l'utilisation du contexte pour la découverte de mapping et de l'utilisation des caractéristiques ontologiques qui touchent au cœur de la sémantique véhiculée par les concepts des ontologies.

Nous avons appliqué notre approche sur les ontologies de la compagne OAEI 2012 des tests benchmark et Anatomy. Les résultats obtenus par le module d'alignement, XMAP++, sont satisfaisantes comparées aux résultats obtenus par d'autres outils d'alignement.

VI.1 Perspectives

Nous avons commencé à explorer le contexte de l'ontologie, qui nous fournit des informations permettant de juger la pertinence de l'information dispensée pour une recherche donnée d'un utilisateur particulier. Nous nous sommes restreints pour cette étude à des relations d'équivalence simple entre concepts, mais il serait intéressant de pouvoir prendre en compte des relations plus complexes dans le calcul de distance sémantique.

Plusieurs améliorations sont possibles notre méthode d'alignement, permettant de la rendre plus pertinente. Ces améliorations incluent : le calcul plus riche et plus complet de la similarité terminologique, le calcul de similarité inter-catégorie et l'alignement des ontologies plus complexes en prenant en compte les instances par l'utilisation des différentes techniques d'apprentissage exploitons les différents types d'informations : les mots, leur position, leur format, leur fréquence, etc.

Références Bibliographiques

[Amann, 2003] Amann, B., " *Langages d'ontologies : Rdf et owl* ", 2003.

[Aumüller et Do., 2005] Aumüller, D., Do, H., Massmann, S. and Rahm, E. *"Schema and ontology matching with coma++ "*, in Proc. SIGMOD 2005 (Software Demonstration), Baltimore, Juin 2005.

[Baader et al., 2003] Baader, F., Calvanese, D., McGuinness, D., Nardi, D. and Patel-Schneider, P., *"The Description Logic Handbook"*, Cambridge University Press, 2003;

[Bach, 2006] Bach, T. L., *"Construction d'un web sémantique multi-points de vue"*, PhD thesis, École des Mines de Nice à Sophia Antipolis, 2006.

[Bachimont, 1999] Bachimont, B., *"L'intelligence artificielle comme écriture dynamique: de la raison graphique à la raison computationnelle"*, Grasset, 1999.

[Bachimont, 2005] Bachimont, B., *"Owl : Ontology web language ingénierie documentaire et management des contenus"*, Janvier 2005.

[Benerecetti et al., 2000] Benerecetti M., Bouquet P. and Ghidini C., *"Contextual reasoning distilled"*, Journal of Theoretical and Experimental artificial Intelligence, 12(3): pp. 279–305, July 2000.

[Berners-Lee, 2003] Berners-Lee, T., *"WWW past & future"*, Available at http://www.w3.org/2003/Talks/0922-rsoc-tbl, Slide 30, 2003

[Booch, 1994] Booch, G., *"Object-Oriented Analysis and Design with Applications"*, Addison-Wesley, 2nd edition, 1994.

[Bouquet et al., 2003] Bouquet P., Giunchiglia F., Van Harmelen F., Serafini L. and Stuckenschmidt H., *"C-OWL – contextualizing ontologies"*, in Proc. 2nd International Semantic Web Conference (ISWC), volume 2870 of LNCS, pp. 164–179, Sanibel Island (FL US), 2003.

[Bouquet et al., 2004] Bouquet P., Giunchiglia F., van Harmelen F., Serafini L., Stuckenschmidt H., *"Contextualizing Ontologies"*, Journal of Web Semantics, vol. 1, n° 4, pp. 1-19, 2004.

[Bodenreider et al., 2005] Bodenreider, O., Hayamizu, T., Ringwald, M., De Coronado, S. and Zhang, S., *"Of mice and men: Aligning mouse and human anatomies"*, in Proceedings of American Medical Informatics Association (AIMA) Annual Symposium, pp. 61–65, 2005.

[Brachman et Schmolze., 1985] Brachman, R. J. and Schmolze, J. G., *"An overview of the KL-ONE knowledge Representation System"*, Cognitive Science, 9(2): pp. 171–216, April 1985.

[Bray et al., 2000] Bray, T., Paoli, J., Sperberg-McQueen, C.M. and Maler, E., *"Extensible Markup Language (XML) 1.0, Second Edition"*, World Wide Web Consortium, 6 October 2000. http://www.w3.org/TR/REC-xml.

[Brezillon et Pomerol., 2001] Brezillon, P. and Pomerol, J-Ch., *"Some comments about knowledge and context"*, Research Raport 2001-022, LIP6, Universite Paris VI, Paris, France, 2001.

[Brickley et Guha., 2004] Brickley, D. and Guha, R. V., *"RDF Vocabulary Description Language 1.0: RDF Schema"*, W3C Recommendation, 10 February 2004.http://www.w3.org/TR/rdf-schema/

[Budanitsky et Hirst., 2001] Budanitsky, A. and Hirst, G., *"Semantic distance in WordNet: An experimental, application-oriented evaluation of five measures"*, in Workshop on WordNet and Other Lexical Resources, Second meeting of the North American Chapter of the Association for Computational Linguistics, Pittsburgh, June, 2001.

[Castano et al., 1998] Castano, S., Antonellis, V.D., Fugini, M.G. and Pernici, B., *"Conceptual Schema Analysis: Techniques and Applications"*, Journal ACM Transactions on Database Systems, 23 (3), pp. 286–332, 1998.

[Chen et Billings., 1992] Chen, S. and Billings, S., *"Neural networks for non-linear dynamic systems modelling and identification"*, International Journal of Control, 56, pp.319-346, 1992.

[Cohen et al., 2003] Cohen, W., Ravikumar, P. and Fienberg, S., *"A comparison of string metrics for matching names and records"*, in Proc. KDD-2003 Workshop on Data Cleaning and Object Consolidation, 2003.

[Connolly, Harmelen et Horrocks., 2001] Connolly, D., Harmelen, F., Horrocks, L., McGuinness, D. L., Patel-Schneider, P. F. and Stein, L. A., *"DAML+OIL Reference Description"*, W3C Note 18 December 2001. http://www.w3.org/TR/daml+oil-reference.

[Corcho, 2004] Corcho O., *"A declarative approach to ontology translation with knowledge preservation"*, PhD thesis, Universidad Politecnica de Madrid, Madrid (ES), 2004.

[Cranefield et Purvis., 1999] Cranefield, S. and Purvis, M., *"UML as an ontology modelling language"*, In *Proceedings of the Workshop on Intelligent Information Integration, 16th International Joint Conference on Artificial Intelligence (IJCAI -99)*, 1999.
http://sunsite.informatik.rwth-aachen.de/Publications/CEUR-WS/Vol-23/cranefield-ijcai99- iii.pdf.

[Cybenko, 1989] Cybenko, D.L., *"Approximation by superposition of a sigmoidal function"*, Mathematics of Control, Signals and Systems, 2, pp.303-314, 1989.

[Dagan et al., 1999] Dagan, I., Lee, L. and Pereira, F., *"Similarity-based models of word cooccurrence probabilities"*, Machine Learning 34(1-3).

[Damashek, 1995] Damashek M., *"Gauging Similarity with n-Grams : Language-Independent Categorization Of Text"*, Science 1995 ; 267 : pp.843-848.

[Dey et al., 2001] Dey, A.K., Abowd, G.D. and Salber, D., *"A Conceptual Framework and a Toolkit for Supporting the Rapid Prototyping of Context-Aware Applications"*, Human-Computer Interaction Journal, Special Issue on Context-Aware Computing, 16(1), 2001.

[Dieng et Hug., 1998] Dieng, R. and Hug, S., *"Comparison of -personal ontologies- represented through conceptual graphs"*, in Proc. 13th ECAI, Brighton (UK), pp. 341–345, 1998.

[Djeddi et Khadir., 2010] Djeddi, W. and Khadir, M.T., *"XMAP : A novel structural approach for alignment of OWL-Full ontologies"*, in Proceedings of the International Conference on Machine and Web Intelligence (ICMWI), pp. 347–352, 2010.

[Djeddi et Khadir., 2011] Djeddi, W. and Khadir, M.T., *"A dynamic multistrategy ontology alignment framework based on semantic relationships using wordnet"*, in Proceedings of the 3rd International Conference on Computer Science and its Applications (CIIA'11), December 13-15, Saida, Algeria, pp. 149–154, 2011.

[Djeddi et Khadir., 2012a] Djeddi, W. and Khadir, M.T., *"Introducing artificial neural network in ontologies alignement process"*, in New Trends in Databases and Information Systems Advances in Intelligent Systems and Computing, volume 185. Springer, September 17, Poznan, Poland, pp. 175–186, 2012.

[Djeddi et Khadir., 2012b] Djeddi, W. and Khadir, M.T., *"Introducing artificial neural network in ontologies alignment process"*, Journal Control and Cybernetics, 41(4), pp. 743-759, 2012.

[Djeddi et Khadir., 2013] Djeddi, W. and Khadir, M.T., *"Ontology alignment using artificial neural network for large-scale ontologies"*, in the International Journal of Metadata, Semantics and Ontologies, Vol.8, No.1, pp.75–92, 2013.

[Doan et al., 2000] Doan, A., Domingos, P. and Halevy, A., *"Learning source descriptions for data Integration"*, in: ProcWebDBWorkshop, pp. 81–92, 2000.

[Doan et al., 2002] Doan, A., Madhavan, J., Domingos, P. and Halevy, A., *"Learning to Map between Ontologies on the Semantic Web"*, The 11th International World Wide Web Conference (WWW'2002), Hawaii, USA.

[Doan et al., 2003] Doan, A., Madhavan, J., Dhamankar, R., Domingos, P. and Halevy, A., *" Learning to match ontologies on the semantic web "*, The VLDB Journal, 12(4): pp. 303–319, 2003.

[Do et al., 2002] Do, H., Melnik, S. and Rahm, E., *"Comparison of schema matching evaluations"*, Proceedings of the 2nd Int. Workshop on Web Databasess, German Informatics Society, Erfurt, Germany, pp. 221-237, 2002.

[Do et Rahm., 2002a] Do, H.H. and Rahm, E., *"COMA – a system for flexible combination of schema matching approaches"*, in 28th International Conference on Very Large Data Bases (VLDB), Hong Kong, pp. 610–621, 2002.

[Do et Rahm., 2002b] Do, H.H, Melnik, S. and Rahm, E., *"Comparison of schema matching evaluations"*, in Proc. Workshop on Web, Web-Services, and Database Systems, volume 2593 of Lecture notes in computer science, pp. 221– 237, Erfurt (DE), 2002

[Do et Rahm., 2007] Do, H.H and Rahm, E., *"Matching large schemas: Approaches and evaluation"*, Information Systems, Volume32, Issue 6, pp. 857-885, September 2007.

[Domingos et Pazzani., 1997] Domingos, P. and Pazzani, M., *"On the Optimality of the Simple Bayesian Classifier under Zero-One Loss"*, Machine Learning, 29:103, 1997.

[Durban et al., 1998] Durban, R., Eddy, S.R., Krogh, A. and Mitchison, G., *"Biological sequence analysis - Probabilistic models of proteins and nucleic acids"*, Cambridge: Cambridge University Press, 1998.

[Ehrig et Staab., 2004] Ehrig, M. and Staab, S., *"QOM - quick ontology mapping"*, in Proc. 3rd ISWC, Hiroshima (JP), November 2004.

[Ehrig et Staab., 2004a] Ehrig, M. and Staab, S., *"Efficiency of ontology mapping approaches"*, in International Workshop on Semantic Intelligent Middleware for the Web and the Grid at ECAI 04, Valencia, Spain, AUG 2004.

[Ehrig et Sure., 2004] Ehrig, M. and Sure, Y., *"Ontology mapping – an integrated approach"*, in Christoph Bussler, John Davis, Dieter Fensel, and Rudi Studer, editors, Proc. 1st ESWS, Hersounisous (GR), volume 3053 of Lecture Notes in Computer Science, pages 76–91. Springer Verlag, MAY 2004.

[EON, 2004] EON, W., **"EON 2004 : Ontology Alignment Contest"**, Proceedings of the 3rd Workshop Evaluation of Ontology-based Tools (EON), http ://oaei.ontologymatching.org/2004/Contest/, 2004.

[EON, 2006] EON, W., **"EON 2006 : Evaluation of Ontologies for the Web"**, Proceedings of the 4th International EON Workshop, http ://km.aifb.uni-karlsruhe.de/ws/eon2006/, 2006.

[Euzenat, 2001] Euzenat, J., **"Towards a principled approach to semantic interoperability"**, in Proc. IJCAI Workshop on Ontologies and Information Sharing, pp. 19–25, Seattle (WA US), 2001.

[Euzenat, 2004] Euzenat J., **"An API for ontology alignment"**, in Proc. 3rd International Semantic Web Conference (ISWC), volume 3298 of LNCS, pp. 698–712, Hiroshima (JP), 2004.

[Euzenat et Valtchev., 2004] Euzenat, J. and Valtchev, P. **"Similarity-based ontology alignment in OWL-lite"**, in Proceeding 15th ECAI, Valencia (ES), 2004.

[Euzenat et al., 2004] Euzenat, J., Bach, T.L., Barrasa, J., Bouquet, P., Bo, J.D., Dieng-Kuntz, R., Ehrig, M., Hauswirth, M., Jarrar, M., Lara, R., Maynard, D., Napoli, A., Stamou, G., Stuckenschmidt, H., Shvaiko, P., Tessaris, S., Acker, S.V. and Zaihrayeu, I., **"State of the art on ontology alignment, deliverable 2.2.3"**, IST Knowledge web NoE, 80p., June 2004.

[Euzenat et al., 2006] Euzenat, J., Mochol, M., Shvaiko, P., Stuckenschmidt, H., Svab, O., Svatek, V., van Hage, W. R. and Yatskevich, M., **"Results of the Ontology Alignment Evaluation Initiative 2006"**, in Proceedings of the First ESWC 2006 international workshop on ontology matching, 2006.

[Euzenat et al., 2007a] Euzenat, J., Ehrig, M., Jentzsch, A., Mochol, M. and Shvaiko, P., **"Case-based recommendation of matching tools and techniques, deliverable 1.2.2.2.1"**, Knowledge Web, Mars 2007.

[Euzenat et al., 2007b] Euzenat, J. and al., **"Heterogeneity in the semantic web, deliverable 2.2"**, Knowledge Web, December 2007.

[Euzenat et Shvaiko., 2007] Euzenat, J. and Shvaiko, P., **"Ontology matching"**, Springer, Heidelberg (DE), 2007.

[Euzenat et al., 2011] Euzenat, J., Meilicke, C., Stuckenschmidt, H., Shvaiko, P. and Trojahn, C., **"Ontology Alignment Evaluation Initiative: six years of experience"**, Journal on Data Semantics, XV, pp. 158–192, 2011.

[Falconer et al., 2007] Falconer, S. M., Noy, N. and Storey, M. A., **"Ontology mapping - a user survey"**, Workshop Ontology Matching, in the 6th International Semantic Web Conference, Busan, Korea, November 2007.

[Farquhar, Fikes et Rice., 1996] Farquhar, A., Fikes, R. and Rice, J., **"The Ontolingua Server: a tool for collaborative ontology construction"**, in Proceedings of the 10th Knowledge Acquisition for Knowledge-Based Systems Workshop (KAW'96), 1996.

[Farquhar et al., 2000] Farquhar, A., Fikes, R. and Rice, J., **"Ontolingua server: a tool for collaborative ontology construction"**, in International journal of Human-Computer studies (46), pp. 707-727, 2000.

[Fellbaum, 1998] Fellbaum, C., **"WordNet: An electronic lexical database"**, MIT Press, Cambridge, MA, 1998.

[Fellegi et Sunter., 1969] Fellegi, I. P. and Sunter, A.B., **"A theory for record linkage"**, Journal of the American Statistical Society 64, pp. 1183–1210.

[Fensel, Decker et Studer., 1998] Fensel, D., Decker, S., Erdmann, M. and Studer, R., **"Ontobroker: The very high idea"**, in Proceedings of the 11th International Flairs Conference (FLAIRS-98), Sanibal Island, Florida, May 1998.

[Fensel et al., 2007] Fensel, D. , Lausen, H., Polleres, A., De Bruijn, J., Stollberg, M., Roman D. and Domingue, J., **"Enabling semantic web services: the web service modeling ontology"**, Springer, Heidelberg (DE), 2007.

[Finkelstein et al., 2001] Finkelstein, L., Gabrilovich, E., Matias, Y., Rivlin, E., Solan, Z., Wolfman, G. and Ruppin, E., **"Placing search in context : the concept revisited"**, In WWW' 01 : Proceeding of the 10th international conference on World Wide Web, pages 406-414, New York. ACM Press, 2001.

[Fürst, 2002] Fürst, F., **"L'ingénierie Ontologique"**, Rapport de recherche, Institut de Recherche en Informatique de Nantes, 2002.

[Gandon, 2006] Gandon, F., **"Ontologies informatiques"**, Mai 2006.

[Ghidini et Giunchiglia., 2004] Ghidini, C. and Giunchiglia, F., **"A semantics for abstraction"**, in Proceedings ECAI, 2004.

[Giunchiglia et Walsh., 1992] Giunchiglia, F. and Walsh, T., **"A theory of abstraction"**, Artificial Intelligence, 56(2–3):323–390, Also available as DAI Research Paper No 516, Dept. of Artificial Intelligence, Edinburgh, 1992.

[Giunchiglia, 1993] Giunchiglia, F., **"Contextual reasoning"**, Epistemologia, special issue on Linguaggie le Macchine 16: pp 279– 305, 1993.

[Giunchiglia et Shvaiko., 2003] Giunchiglia, F. and Shvaiko, P., **"Semantic matching"**, in Proc. IJCAI 2003 Workshop on ontologies and distributed systems, Acapulco (MX), pages 139–146, 2003.

[Giunchiglia et al., 2004] Giunchiglia, F., Shvaiko, P. and Yatskevich, M., **"S-Match: an algorithm and an implementation of semantic matching"**, in Proceedings of ESWS 2004, Heraklion (GR), pp. 61–75, 2004.

[Giunchiglia et Yatskevich., 2004] Giunchiglia, F. and Yatskevich, M., **"Element Level Semantic Matching"**, in Meaning Coordination and Negotiation workshop at ISWC'04. Hiroshima, Japan, 2004.

[Giunchiglia et al., 2006] Giunchiglia, F., Shvaiko, P. and Yatskevich, M., **"Discovering missing background knowledge in ontology matching"**, in Proc. 16th European Conference on Artificial Intelligence (ECAI), pages 382–386, Riva del Garda (IT), 2006.

[Gómez-Pérez et al., 2004] Gómez-Pérez, A., Mariano, F.L. and Oscar, C., (2ème édition). Theoretical Foundations of Ontologies, **"Chapter 1 of Ontological Engineering: with examples from the areas of Knowledge Management, e-Commerce and the Semantic Web"**, Springer-Verlag, pp. 1–45, 2004.

[Greffenstette, 1995] Greffenstette, G., **"Comparing Two Language Identification Schemes"**, Communications JADT, pp. 85-96, 1995.

[Hameed et al., 2004] Hameed, A., Preece, A. and Sleeman, D., **"Ontology reconciliation"**, in Steffen Staab and Rudi Studer, editors, Handbook on ontologies, chapter 12, pages 231–250.Springer Verlag, Berlin (DE), 2004.

[Hayamizu et al., 2005] Hayamizu, T.F., Mangan, M., Corradi, J.P. Kadin, J. A. and Ringwald, M., *"The Adult Mouse Anatomical Dictionary: a tool for annotating and integrating data"*, Genome Biology, 6(3), R29, 2005.

[Heaton, 2011] Heaton, J., *"Programming Neural Networks with Encog3 in Java"*, 2nd ed, 2011.

[Hebb, 1949] Hebb, D., *"The Organization of Behavior"*, New York: Wiley, 1949.

[Hendler, Berners-Lee et Lassila., 2001] Hendler, J., Berners-Lee, T. and Lassila., O., *"The semantic web : A new form of web content that is meaningful to computers will unleash a revolution of new possibilities"*, by tim berners-lee, james hendler and ora lassila. scientific american. In The Scientific American 284(5), pp. 34–43, May 2001.

[Horrocks, Fensel et Broekstra., 2000] Horrocks, I., Fensel, D., Broekstra, J., Decker, S., Erdmann, M., Goble, G., Harmelen, F., Klein, M., Staab, S., Studer, R. and Motta, E., *"OIL: The Ontology Inference Layer"*, *Technical Report IR-479*, Vrije Universiteit Amsterdam, Faculty of Sciences, Sept. 2000. http://www.ontoknowledge.org/oil/

[Isaac, 2007] Isaac, A., *"Aligning Thesauri for an integrated Access to Cultural Heritage Collections"*, in Proceedings of the International Seminar "Information Access FOR THE Global Community". The Hague, Netherlands, June 2007.

[Jameson, 2006] Jameson, A., *"Usability and the semantic web"*, 3rd European Semantic Web Conference, ESWC 2006, Budva, Montenegro, Juin 11-14, Springer LNCS Vol. 4011, 2006.

[Jaro, 1989] Jaro, M. A., *"Advances in record-linkage methodology as applied to matching the 1985 census of Tampa"*, Florida. Journal of the American Statistical Association 84: pp. 414–420, 1989.

[Jaro, 1995] Jaro, M. A., *"Probabilistic linkage of large public health data files"*, (disc: P687-689). Statistics in Medicine 14: pp. 491–498, 1995.

[Kalfoglou et Schorlemmer., 2003] Kalfoglou, Y. and Schorlemmer, M., *"Ontology mapping: the state of the art"*, Knowledge Engineering Review, 2003, issue 2, volume 18, pp. 1-31, 2003.

[Klein, 2001] Klein, M., *"Combining and relating ontologies : an analysis of problems and solutions"*, in : GÓMEZ-PÉREZ A., GRUNINGER M., STUCKENSCHMIDT H. IJCAI-01 Workshop on Ontologies and Information Sharing, August 4-5, 2001. Seattle, USA [en ligne]. Seattle : CEUR, 2001, pp53-62. Disponible sur : <http://sunsite.informatik.rwth-aachen.de/Publications/CEURWS// Vol-47/> (consulté le 23/05/09).

[Kubiatowicz, 2000] Kubiatowicz, J., Bindel, D., Chen, Y., Czerwinski, S., Eaton, P., Geels, D., Gummadi, R., Rhea, S., Weatherspoon, H., Wells, C. and Zhao, B., *"OceanStore: an architecture for global-scale persistent storage"*, ACM SIGARCH Computer Architecture News, v.28 n.5, p.190-201, 2000.

[Lacombe, 2006] Lacombe, E. and Pezet, J. L., *"Le web sémantique"*.

[Lacot, 2005] Lacot, X., *"Introduction à owl,un langage xml d'ontologies web"*, Aout 2005.

[Lacot, 2006] Lacot, X., *"Introduction à owl, un langage xml d'ontologies web enjeux, objectifs et mise en oeuvre"*, Janvier 2006.

[Leacock et Chodorow., 1998] Leacock, C. and Chodorow, M., *"Combining local context and WordNet similarity for word sense identification"*, in C. Fellbaum, editor, *WordNet: An electronic lexical database*, volume 11 of Language, Speech and Communication, The MIT Press, Cambridge, Massachusetts, pp. 265–283, 1998.

[Lovins, 1968] Lovins, J. B., *"Development of a stemming algorithm"*, Mechanical Translation and Computational Linguistics, 11: pp. 22-31, 1968.

[Madhavan et al., 2001] Madhavan, J., Bernstein, P. and Rahm, E., *"Generic schema matching with cupid"*, in Proceedings of the 27th International Conference on Very Large Data Bases, pp. 49–58. Morgan Kaufmann Publishers Inc., 2001.

[Magnini et al., 2002] Magnini, B., Serafini, L. and Speranza, M., *"Linguistic Based Matching of Local Ontologies"*, ITC-Irst Istituto per la Ricerca Scientifica e Tecnologica Via Sommarive 18 – Povo 38050 Trento, Italy fmagnini,serafini,mansperag@itc.it, American Association for Artificial Intelligence (www.aaai.org), 2002.

[Maynard et Ananiadou., 1999] Maynard, D.G. and Ananiadou, S., *"Term extraction using a similarity-based approach"*, in Recent Advances in Computational Terminology. John Benjamins, 1999.

[McGuinness et Harmelen., 2004] McGuinness, D. L. and Harmelen, F., *"OWL Web Ontology Language Overview"*, W3C Recommendation, 10 February 2004.
http://www.w3.org/TR/owl-features/

[Melnik et al., 2001] Melnik, S., Garcia-Molina, H. and Rahm, E., *"Similarity Flooding: A Versatile Graph Matching Algorithm"*, Extended Technical Report, http://dbpubs.stanford.edu/pub/2001- 25.

[Melnik et al., 2002] Melnik, S., Garcia-Molina, H. and Rahm, E., *"Similarity flooding: a versatile graph matching algorithm"*, in Proc. 18th International Conference on Data Engineering (ICDE), pp. 117–128, San Jose, 2002.

[Miller, 1995] Miller, A.G., *"Wordnet: A lexical database for English"*, Communications of the ACM, 38(11): pp. 39–41, 1995.

[Mochol et al., 2006] Mochol M., Jentzsh A. and Euzenat J., *"Applying an analytical method for matching approach selection"*, in proceedings of workshop on Ontology Matching, 2006.

[Monge et Elkan., 1996] Monge, A. and Elkan, C., *"The field-matching problem: algorithm and applications"*, in Proceedings of the Second International Conference on Knowledge Discovery and Data Mining, 1996.

[Muthitacharoen, 2001] Muthitacharoen, A., Morris, R., Gil, T.G. and Chen, B., *"Ivy: A Read/Write Peer-to-Peer File System"*, in Proceedings of the 5th Symposium on Operating Systems Design and Implementation (OSDI), Boston, MA, 2001.

[Mrissa, 2007] Mrissa, M., *"Mediation Semantique Orientee Contexte pour la Composition de Services Web"*, THESE présentée et soutenue publiquement le 15 Novembre 2007 pour l'obtention du Doctorat de l'Université Claude Bernard Lyon I, France, 2007.

[Nejdl, 2002] Nejdl, W., Boris Wolf, B., Staab, S. and Tane, J., *"EDUTELLA: Searching and Annotating Resources within an RDF-based P2P Network"*, Semantic Web Workshop, Hawaï, 2002.

[Noy, 2004] Noy, N., *"Semantic integration: a survey of ontology-based approaches"*, Special Issue on Semantic Integration, SIGMOD Record, Volume 33, Issue 4, pp. 65-70, 2004.

[Noy et Musen., 2000] Noy, N. F. and Musen, M. A., *"PROMPT : Algorithm and tool for automated ontology merging and alignment"*, in AAAI/IAAI, pp. 450–455, 2000.

[Noy et Musen., 2001] Noy, N. and Musen, M., *"Anchor-PROMPT: Using non-local context for semantic matching"*, in Proc. IJCAI 2001 workshop on ontology and information sharing, Seattle (WA US), pp. 63–70, 2001.

[Pinto et al., 1999] PINTO, H., GOMEZ-PEREZ, A. and MARTINS, J. P., *"Some issues on Ontology Integration"*, in: Richard BENJAMINS, B. CHANDRASEKARAN, A. GÓMEZ PÉREZ and al. In : Workshop on Ontologies and Problem Solving Methods : Lessons Learned and Future Trends, 1999, Stockholm, Sweden. Amsterdam, The Netherlands : CEUR Publications and University of Amsterdam, 1999, Volume 18. ISBN 90-5470-085-8.

[Porter, 1980] Porter, M. F., *"An Algorithm for Suffix Stripping"*, Program, 14(3): pp. 130-137, 1980.

[Rahm et Bernstein., 2001] Rahm, E. and Bernstein, P., *"A survey of approaches to automatic schema Matching"*, VLDB Journal, 10(4): pp. 334–350, 2001.

[Reidmiller et al., 1993] Reidmiller, M. and Braun, H., *"A direct adaptive method for faster backpropagation learning: The RPROP algorithm"*, in Proceedings of the IEEE International Conference on Neural Networks (ICNN), IEEE, pp. 586–591, 1993.

[Riedmiller et Braun., 1992] Riedmiller, M. and Braun, H., *"RPROP A Fast Adaptive Learning Algorithm"*, in Proceedings of the 1992 International Symposium on Computer and Information Sciences, Antalya, Turquie, pp. 279-285, 1992.

[Riedmiller et Braun., 1993]Riedmiller, M. and Braun, H., *"A Direct Adaptive Method for Faster Backpropagation Learning: The RPROP Algorithm"*, in Proceedings of the IEEE International Conference on Neural Networks, pp. 586-591, 1993.

[Resnik, 1999] Resnik, P., *"Semantic Similarity in a Taxonomy: An Information-Based Measure and its Application to Problems of Ambiguity in Natural Language"*, Journal of Artificial Intelligence Research (JAIR), 11, pp. 95-130, 1999.

[Rodriguez et Egenhofer., 2003] Rodriguez, M. A. and Egenhofer, M. J., *"Determining semantic similarity among entity classes from different ontologies"*, IEEE Trans. Knowl. Data Eng, 2003.

[Rosoiu et al., 2011] Rosoiu, M. E., dos Santos, C. T. and Euzenat, J. *"Ontology matching benchmarks: generation and evaluation"*, in Pavel Shvaiko; Jérôme Euzenat; Tom Heath; Christoph Quix; Ming Mao & Isabel F. Cruz, ed., 'OM' , CEUR-WS.org, 2011.
[Rumelhart, 1986] Rumelhart, D. E., Hinton, G. E. and Williams, R. J., *"Learning internal representations by error propagation"*, Parallel Distribued Processing:Explorations in the MicrostructuresofCognition, vol. 1, pp. 318-362, 1986.

[Shvaiko et Euzenat., 2005a] Shvaiko, P. and Euzenat, J., *"Tutorial on Schema and Ontology Matching"*, ESWC (European Semantic Web Conference), pp. 1-71, May 2005.

[Shvaiko et Euzenat., 2005b] Shvaiko, P. and Euzenat, J., *"A survey of schema-based matching approaches"*, Journal on Data Semantics, IV: pp.146–171, 2005

[Shvaiko et Euzenat., 2006] Shvaiko, P. and Euzenat, J., *"Tutorial on ontology matching in SWAP: Semantic Web Applications and Perspectives"*, 3rd Italian semantic web workshop, December 2006.

[Shvaiko et Euzenat., 2013] Shvaiko, P. and Euzenat, J., *"Ontology matching: state of the art and future challenges"*, IEEE Transactions on Knowledge and Data Engineering, 25(1), pp. 185–176, 2013.

[Sioutos et al., 2007] Sioutos, N., de Coronado, S., Haber, M.W. and al., *"NCI Thesaurus: A semantic model integrating cancer-related clinical and molecular information"*, Journal of Biomedical Informatics, 40(1), pp. 30–43, 2007.

[Sjöberg et al., 1995] Sjöberg, J. and al., *"Nonlinear black-box modeling in system identification: a unified overview"*, Automatica, 31(12), pp.1691-1724, 1995.

[Smith, Welty et McGuinness., 2004] Smith, M. K., Welty, C. and McGuinness, D. L., *"OWL Web Ontology Language Guide"*, W3C Recommendation, 10 February 2004. http://www.w3.org/TR/owl-guide/

[Strang et al., 2003] Strang, T., Linnhoff-Popien, C. and Frank, K., *"CoOL : A Context Ontology Language to enable Contextual Interoperability"*, In J.-B. Stefani, I. Dameure, and D. Hagimont, editors, LNCS 2893 : Proceedings of 4th IFIP WG 6.1 International Conference on Distributed Applications and Interoperable Systems (DAIS2003), volume 2893 of Lecture Notes in Computer Science (LNCS), pp. 236–247, Paris/France, November 2003. Springer Verlag.

[Traoré, 2004] Traoré, D. H., *"Owl et la description de ressources pédagogiques"*, Mars 2004.

[Winkler, 1999] Winkler, W. E., *"The state of record linkage and current research problems"*, Statistics of Income Division, Internal Revenue Service Publication R99/04. http://www.census.gov/srd/www/byname.html, 1999.

[Wu et Palmer., 1994] Wu, Z. and Palmer, M., *"Verb semantics and lexical selection"*, in 32nd Annual Meeting of the Association for Computational Linguistics, Las Cruces, New Mexico, pp. 133-138, 1994.

[Yatskevich et al., 2007] Yatskevich, M., Giunchiglia, F., McNeill, F. and Shvaiko, P., *"Openknowledge deliverable 3.3.: A Methodology for ontology matching quality evaluation"*, August 2007.

[Zaihrayeu, 2006] Zaihrayeu, I., *"Towards Peer-to-Peer Information Management Systems"*, PhD thesis, International Doctorate School in Information and Communication Technology, University of Trento, Italy, March 2006.

[Zanobini, 2003] Zanobini, S., *"Improving CtxMatch by means of grammatical and ontological knowledge in order to handle attributes"*, disponible sur http://eprints.biblio.unitn.it/archive/00000554/, April 2006.

[Zhang et Bodenreider., 2005] Zhang, S. and Bodenreider, O., *"Alignment of multiple ontologies of anatomy: deriving indirect mappings from direct mappings to a reference"*, in proceedings AMIA (Annual symposium of American Medical Informatics Association), Washington, pp. 864-868, October 2005.

[Zhdanova, 2005] Zhdanova, A., *"Towards community-driven ontology matching"*, in proceedings of K-CAP, Banff, Canada, 2005.

Annexe A: Ontologies

1. Niveaux de formalisation des ontologies

Les ontologies peuvent être modélisées avec des langages de différents niveaux de formalité: (i) *hautement informel*: défini en langage naturel; (ii) *semi-informel*: défini dans une forme structurée et restreinte de langage naturel; (iii) *semi-formel*: défini dans un langage formel artificiel; et (iv) *rigoureusement formel*: défini avec un langage dont les termes sont associés avec une sémantique formelle, des théorèmes, et des preuves pour vérifier les propriétés telles que la validité et la complétude.

2. Ontologies légères et ontologies lourdes

On distingue les ontologies légères (*lightweight ontologies)* et les ontologies lourdes (*heavyweight ontologies*) [Gómez-Pérez et al., 2004]. Les ontologies légères incluent des concepts comprenant des propriétés et qui sont organisées en taxonomies avec des relations conceptuelles (e.g. *Yahoo! Directory*); certains auteurs considèrent les taxonomies comme des ontologies parce qu'elles fournissent des conceptualisations partagées pour des domaines donnés. Les ontologies lourdes ajoutent aux ontologies légères des axiomes et des restrictions clarifiant le sens. Les ontologies lourdes modélisent un domaine de façon plus profonde avec plus de restrictions basées sur la sémantique du domaine.

3. Classifications des ontologies

Plusieurs classifications des ontologies ont été proposées citons à titre d'exemple la classification de Lassila et McGuinness (2001 – citation Gómez-Pérez et al., 2004)

Lassila et McGuinness proposent une classification des ontologies selon l'information dont l'ontologie a besoin et la richesse de sa structure interne. Cette classification consiste en un continuum allant d'ontologies légères aux ontologies lourdes:

- *Vocabulaire contrôlé*: liste de termes.

- *Glossaire*: liste de termes avec leur sens spécifié en langage naturel.

- *Thésaurus*: glossaire contenant des descriptions sémantiques entre les termes.

- *Hiérarchie informelle de généralisation (is-a)*: hiérarchie du type *Yahoo! Directory* dont la structure est basée non pas sur des relations de généralisation mais sur la proximité des concepts.

- *Hiérarchie formelle de généralisation (is-a)*: hiérarchie dont la structure est déterminée par des relations de généralisation.

- *Hiérarchie formelle de généralisation (is-a) avec instances du domaine*: similaire à la catégorie précédente mais incluant des instances.

- *"Frame"*: ontologies incluant des classes avec propriétés pouvant être héritées.

- *Ontologies avec restrictions de valeur*: ontologies pouvant contenir des restrictions sur les valeurs des propriétés.

- *Ontologies avec contraintes logiques*: ontologies pouvant contenir des contraintes entre constituants (e.g. relations) définies dans un langage logique.

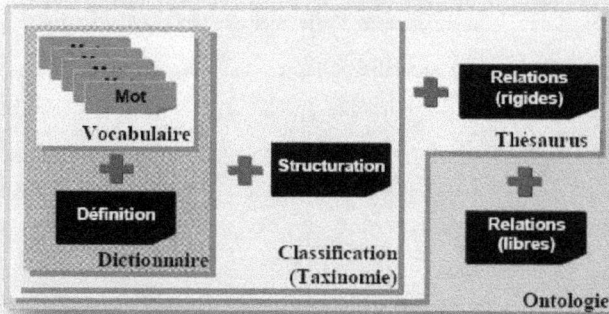

Figure 53. Les techniques de Représentation de la connaissance

Gómez-Pérez propose une classification où les ontologies sont classées selon deux critères : (i) la quantité et le type de structure dans la conceptualisation, et (ii) le sujet de la conceptualisation.

- *Ontologies de représentation de connaissances* : modélisent les représentations primitives utilisées pour la formalisation des connaissances sous un paradigme donné.

- *Ontologies générales ou communes* : modélisent les connaissances de sens commun réutilisables d'un domaine à l'autre. Ces ontologies incluent un vocabulaire relatif aux choses, évènements, temps, espace, causalité, comportement, fonction, etc.

- *Ontologies de niveau supérieur (top-level, upper-model)*: modélisent les concepts très généraux auxquels les racines des ontologies de plus bas niveaux devraient être liées. Cependant, il existe plusieurs ontologies de niveau supérieur et qui sont divergentes. Afin de résoudre ce problème, l'organisation de standardisation IEEE tente de développer une ontologie de niveau supérieur qui soit standard.

- *Ontologies de domaine* : modélisent les connaissances réutilisables dans des domaines précis. Ces ontologies fournissent les concepts et les relations permettant de couvrir les vocabulaires, activités et théories de ces domaines. Les concepts des ontologies de domaine sont souvent des spécialisations de concepts définis dans des ontologies de niveau supérieur.

- *Ontologies de tâches* : modélisent les vocabulaires relatifs à une tâche ou une activité générique en spécialisant certains termes des ontologies de niveau supérieur.

- *Ontologies de tâches de domaine* : ontologies de tâches réutilisables dans un domaine spécifique mais pas d'un domaine à l'autre et qui sont indépendantes de l'application.

- *Ontologies de méthodes* : modélisent les définitions des concepts et des relations pertinentes pour le processus de raisonnement afin d'effectuer une tâche spécifique.

- *Ontologies d'applications* : modélisent les connaissances requises pour des applications spécifiques. Les ontologies d'applications spécialisent souvent le vocabulaire des ontologies de domaine et des ontologies de tâches.

4. Modélisations des ontologies

Les ontologies lourdes peuvent être modélisées avec (i) des méthodes d'intelligence artificielle basées sur les *"frames"* et sur la logique de premier ordre (e.g. CyC [39] et Ontolingua[40] développés dans les années '90) ou avec (ii) la logique de description utilisée pour développer le langage ontologique OWL du Web Sémantique. Les ontologies légères peuvent être modélisées à partir des modèles utilisés en génie logiciel: la modélisation UML et la modélisation par diagramme Entité/Relation.

---

[39] Cyc est un projet d'intelligence artificielle (« IA ») qui cherche à développer une ontologie globale et une base de données de la connaissance générale, dans le but de permettre à des applications d'intelligence artificielle de raisonner d'une manière similaire à l'être humain.

[40] www.ksl.stanford.edu/software/ontolingua/

5. Types de formalismes

On distingue plusieurs types de formalismes pour représenter une ontologie, et différents langages pour chaque type.

- *Les graphes*
  - ✓ Les réseaux sémantiques, Topic Maps[41]
  - ✓ Orienté-Web : RDF et RDF Schéma
- *Logique*
  - ✓ Du premier ordre : KIF
  - ✓ Descriptive : KL-One, OIL, DAML+OIL, OWL
- *Orienté objet :* UML + OCL

Afin de comprendre la structuration des ontologies, et la puissance qu'elles peuvent fournir au monde de la représentation des connaissances, nous présentons dans la partie suivante ces langages d'ontologies, et nous consacrons une importante partie pour décrire le langage OWL et ses différents sous-langages.

6. Les langages d'ontologies

a) KIF (Knowledge Interchange Format)

KIF permet de représenter la méta-connaissance ce qui permet d'introduire de nouvelles représentations de connaissance, sans changer de langage. KIF est un langage mis au point pour soutenir les échanges de données entre plusieurs applications sur plusieurs ordinateurs. L'outil Ontolingua [Farquhar, Fikes et Rice., 1996] permet aux utilisateurs de construire des ontologies KIF à un niveau plus élevé de la description par l'importation des définitions des ontologies prédéfinies.

b) KL-ONE

KL-ONE [Brachman et Schmolze., 1985] est un langage basé sur la logique de description [Baader et al., 2003]. KL-One se situe à la frontière entre les réseaux sémantiques et les représentations à base de frames [42] : Les concepts de KL-One sont munis d'attributs, appelés rôles, qui expriment les relations entre concepts ; des contraintes sur le type et la cardinalité de sa valeur sont associées à tout rôle, à la manière des facets d'un langage de frames.

---

[41] http://www.topicmaps.org/

[42] Un cadre (frame) est un objet nommé représentant un concept générique. Il est doté d'attributs (slots), qui peuvent posséder différentes valeurs (facets), et est destiné à être instancié. FLOGIC est l'exemple le plus connu de langage à base de cadres (frames).

c) RDF et RDF Schéma

RDF [Brickley et Guha., 2004] est un langage formel qui permet d'affirmer des relations entre des « ressources ». Un document RDF est un ensemble de triplets de la forme <sujet, prédicat, objet>. RDF Schema est un ensemble de classes et de propriétés RDF qui peuvent être utilisées pour définir des classes et des propriétés (en RDF). Un des gros avantages de RDF est son extensibilité, à travers l'utilisation des schémas RDF qui peuvent s'intégrer et ne s'excluent pas mutuellement grâce à l'utilisation du concept d'espace de nom (« namespace »).

d) DAML + OIL

Le langage DAML (DARPA Agent Markup Language) intervient pour permettre aux agents de partager de la sémantique. DAML est associé à OIL (Ontology Inference Layer), qui est un autre langage de description d'ontologies. Le couple DAML+OIL repose sur RDF. DAML+OIL a été conçu à partir du langage d'ontologie DAML-ONT (Octobre 2000) en vue de combiner plusieurs composants du langage OIL [Horrocks, Fensel et Broekstra., 2000].

Beaucoup de travaux ont été faits dans le domaine de la représentation des connaissances parmi lesquels on peut citer les plus importants : SHOE, OntoBroker [Fensel, Decker et Studer., 1998], OIL [Horrocks, Fensel et Broekstra, 2000], et encore DAML + OIL [Connolly, Harmelen et Horrocks., 2001] qui a remplacé DAML – ONT[43].

OIL[44] est un langage de description et d'inférence sur les ontologies, basé sur RDF. Il prend appui sur les logiques de description. Il combine les primitives de modélisation des langages à base de cadres (frames) avec la sémantique formelle et le raisonnement fournis par la logique de description.

e) OWL

OWL (Ontology Web Language) s'inscrit dans les langages du Web permettant de définir des Métadonnées sur les informations disponibles sur Internet. OWL, est un vocabulaire XML basé sur RDF, il permet de spécifier ce qui peut être compris et il est dérivé du langage d'ontologies DAML + OIL [Connolly, Harmelen et Horrocks., 2001] ; [Rodriguez et Egenhofer., 2003].

---

[43] http://www.daml.org/2000/10/daml-ont.html

[44] http://www.ontoknowledge.org/oil/

Le Web Sémantique tel que défini par le W3C va utiliser le OWL pour décrire des ontologies [McGuinness et Harmelen., 2004]. OWL permet donc de définir des ontologies qui sont l'association de définitions de termes d'un domaine particulier et des relations entre ces termes. De plus, OWL tient compte de l'aspect diffus des sources de connaissances et permet à l'information d'être recueillie à partir de sources distribuées, notamment en permettant la mise en relation des ontologies et l'importation des informations provenant explicitement d'autres ontologies [Smith, Welty et McGuinness., 2004].

(i)Structure d'une Ontologie écrite en OWL

OWL définit trois types d'objet pour la description d'ontologie :

1. **Classe** c'est un groupe d'individus partageant les mêmes caractéristiques. Les classes peuvent être organisées hiérarchiquement selon une taxonomie. Elle peut être définie par référence (URI vers une classe contenue dans une autre ontologie), par l'énumération de ses instances ou bien par ses propriétés [Amann, 2003]. Les classes peuvent être organisées hiérarchiquement selon une taxonomie. Les classes définies par l'utilisateur sont d'ailleurs toutes des enfants de la « super-classe » OWL :Thing.

2. **Une instance de classe ;** appelés aussi axiomes sont les membres de ces ensembles. En d'autres termes, ce sont les objets des domaines. Elles sont définies par leur appartenance à une classe et des propriétés. La définition d'un individu consiste à énoncer un « fait », encore appelé « axiome d'individu ». On peut distinguer deux types de faits : i) les faits concernant l'appartenance à une classe. La plupart des faits concernent généralement la déclaration de l'appartenance à une classe d'un individu et les valeurs de propriétés de cet individu. ii) les faits concernant l'identité des individus. Une difficulté qui peut éventuellement apparaitre dans le nommage des individus concerne la non-unicité éventuelle des noms attribués aux individus. Par exemple, un même individu pourrait être désigné de plusieurs façons différentes. C'est la raison pour laquelle OWL propose un mécanisme permettant de lever cette ambigüité, à l'aide des propriétés <owl :sameAs>, <owl :diffrentFrom> et <owl :allDifferent> [Lacot, 2005].

3. **Propriétés** permet de définir des faits ou des relations entre ces classes. Il existe en OWL deux types de propriétés : i) propriété d'objet (owl :ObjectProperty) qui définit une propriété entre deux individus d'une classe ou de plusieurs classes, c'est à dire une relation ; ii) une propriété de type de données (owl :DataTypeProperty), c'est-à-dire une relation entre une valeur ou donnée et un individu d'une classe. Elles peuvent être hiérarchisées [Lacot, 2005]

et caractérisées (par exemple si elles sont symétriques (si un individu est lié à un autre par une propriété alors le second est également lié au premier par cette même propriété : si A estFrère de B alors B estFrère de A)

Un document OWL se compose en général : i) d'un espace de nommage ; ii) d'une entête (owl :Ontology) pour décrire le contenu de l'ontologie ; iii) de la définition de classes ; iv) de la définition des propriétés et enfin d'assertion de fait.

(ii) Les différentes familles de sous langage OWL

Le langage OWL a été inspiré des logiques de descriptions [45](et successeur de DAML+OIL), il fournit un grand nombre de constructeurs permettant d'exprimer de façon très fine les propriétés des classes définies. La rançon de cette expressivité est l'indécidabilité du langage obtenu en considérant l'ensemble de ses constructeurs [Euzenat, et al., 2004]. C'est pour cela qu'OWL a été fractionné en trois langages distincts, hiérarchisés et d'expressivité croissante [Lacot, 2006] :

✓ **OWL LITE** c'est une version aux fonctionnalités réduites, mais suffisant pour bien des usages, comme la constitution de taxonomies ou de thesaurus. Pour les utilisateurs ne nécessitant que des contraintes simples (un ensemble est limité à 0 ou 1 élément, par exemple) dans une classification hiérarchique. OWL Lite fournit un chemin rapide de migration pour les thésaurus [46] et d'autres taxonomies [Traoré, 2004].

✓ **OWL DL** correspond exactement aux logiques de description. Le langage OWL DL concerne les utilisateurs qui souhaitent une expressivité maximum couplée à la complétude du calcul (cela signifie que toutes les inférences seront assurées d'être prises en compte) et la décidabilité du système de raisonnement (c'est- à -dire que tous les calculs seront terminés dans un intervalle de temps fini) [Bachimont, 2005].

✓ **OWL FULL** donne à l'utilisateur une expressivité maximale, mais on n'a aucune garantie quant à la complétude et à la terminaison des procédures d'inférence.

---

[45] Description Language

[46] Un thesaurus ou thésaurus est une sorte de dictionnaire hiérarchisé ; un vocabulaire normalisé sur la base de termes génériques et de termes spécifiques à un domaine. Il ne fournit qu'accessoirement des définitions, les relations des termes et leur choix l'emportant sur les significations.

f) Le modèle orienté objet

Les technologies orientées objet UML + OCL peuvent être exploité comme un formalisme alternatif pour la représentation des ontologies [Cranefield et Purvis., 1999].

(i) UML

En informatique UML (Unified Modeling Language), ou Langage de modélisation unifié, est un langage de modélisation graphique à base de pictogrammes. UML est utilisé pour spécifier, visualiser, modifier et construire les documents nécessaires au bon développement d'un logiciel orienté objet. UML est un langage permettant de modéliser nos classes et leurs interactions. Concrètement, cela s'effectue par le biais d'un diagramme : vous dessinerez vos classes et les lierez suivant des conventions bien précises. Cela vous permettra ainsi de mieux visualiser votre application et de mieux la penser. De plus il permet de diviser le système d'information (d'une organisation) en le système métier et le système informatique [Booch, 1994].

(ii) OCL

C'est avec OCL (Object Constraint Language) qu'UML formalise l'expression des contraintes. Il s'agit donc d'un langage formel, basé sur la logique des prédicats du premier ordre, pour annoter les diagrammes UML en permettant notamment l'expression de contraintes, et en particulier au diagramme de classes.

Ces différents formalismes de représentation de la connaissance et les différents langages associés ont mené à de nombreuses recherches pour l'intégration des ontologies hétérogènes.